广州市哲学社会科学"十四五"规划 2023 年度共建课题（2023GZGJ27）

广州市社会科学院 2023 年度青年课题（23QN001）

快递自提点微区位布局及接受意愿研究

——以广州市为例

刘 松 ◎著

KUAIDI ZITIDIAN WEIQUWEI
BUJU JI JIESHOU
YIYUAN YANJIU
—— YI GUANGZHOU SHI WEI LI

中国财经出版传媒集团

经济科学出版社
Economic Science Press

·北京·

图书在版编目（CIP）数据

快递自提点微区位布局及接受意愿研究：以广州市
为例/刘松著 . －－北京：经济科学出版社，2023. 11
ISBN 978 - 7 - 5218 - 5056 - 7

Ⅰ. ①快…　Ⅱ. ①刘…　Ⅲ. ①物流管理 - 产业布局 -
研究 - 广州　Ⅳ. ①F259. 221

中国国家版本馆 CIP 数据核字（2023）第 160296 号

责任编辑：李　雪　袁　薇
责任校对：刘　娅
责任印制：邱　天

快递自提点微区位布局及接受意愿研究
——以广州市为例
刘　松　著

经济科学出版社出版、发行　新华书店经销
社址：北京市海淀区阜成路甲 28 号　邮编：100142
总编部电话：010 - 88191217　发行部电话：010 - 88191522
网址：www. esp. com. cn
电子邮箱：esp@ esp. com. cn
天猫网店：经济科学出版社旗舰店
网址：http://jjkxcbs. tmall. com
北京时捷印刷有限公司印装
710 × 1000　16 开　13. 75 印张　170000 字
2023 年 11 月第 1 版　2023 年 11 月第 1 次印刷
ISBN 978 - 7 - 5218 - 5056 - 7　定价：70. 00 元
（图书出现印装问题，本社负责调换。电话：010 - 88191545）
（版权所有　侵权必究　打击盗版　举报热线：010 - 88191661
QQ：2242791300　营销中心电话：010 - 88191537
电子邮箱：dbts@ esp. com. cn）

近年来，随着电子商务快速发展和网络购物规模扩大，"最后一公里"配送问题凸显。快递配送企业、网络零售商不断创新快递末端配送方式，以解决在更短时间实现更多包裹"最后一公里"配送核心问题。此时，快递自提作为传统的送货上门配送的替代方案，降低二次配送风险、缓解配送效率低下等问题，受到市场青睐。

不同于送货上门配送，快递自提点是将分散在一定地域范围内的潜在客户聚集在空间某个位置实现自助存取快递。快递自提点所在位置的宏观分布特征和微观区位选址，深刻影响快递自提点本身的空间均衡性和潜在客户的使用公平性，甚至影响潜在客户的接受意愿。地理学基于快递自提点的地理位置，探究位置点的空间格局、到达便利性、区位选址和形成机制等问题，优化快递自提点空间配置格局，提供解决快递末端配送覆盖率和配送效率的地理学方案。

基于此种认识，本研究以广州市快递自提点为例，拟回答快递自提点的微区位位置特征及影响接受其意愿的因素。研究从公平性、便利性和接受性视角，采用空间分析技术，评估快递自提点的空间公平性和便利性，运用数理统计分析，总结快递自提点的微区位布局特征，构建结构方程模型，评估位置便利性和理性行为理论对顾客接受意愿的作用效应。主要研究结果如下：

第一，广州市快递自提点在空间分布上呈现异质性特征，影响因素对广州市快递自提点空间分布异质性的作用效应、作用范围和作用力度表现出地域差异。即相同影响因素在不同地区的作用效应不同，有些地区为正向，有些地区为负向；不同影响因素在同一地区的作用效应不同，有些因素为正向，有些因素为负向。这要求注意识别中心地理论模型指导快递自提点布局的适用性。

第二，广州市快递自提点的微观布局位置分化为多种类型，利益相关者多方博弈造成这些微观位置的区位差异。这启示注意区别利益相关者的多方诉求，以及局部地理环境对快递自提点布局位置的影响，以便在使用理论模型指导快递自提点布局中选择出合适的布局地点。

第三，位置便利性对广州市快递自提点的顾客接受态度和接受意愿均具有直接的正向影响。这意味着提升自提点的位置便利性对强化顾客关于快递自提点的态度和接受意愿具有积极意义。

第四，与快递自提点理论模型相比，基于实际位置的快递自提点的步行通达性呈现出城市中心高、城市外围地区低的"核心—边缘"结构。作为公共基础设施的快递自提点，现状的布局密度与理论模型相比差距较大，快递自提点的公平性和便捷性需要进一步提升。

刘　松

2023 年 10 月

CONTENTS ▷
目　　录

第1章 绪　　论

1.1　研究背景

1.1.1　"十四五"时期国家提出建设末端配送节点和物流配送体系

近年来，国家连续出台相关政策，推进末端配送服务体系的发展。2021 年国家"十四五"规划提出建设现代物流体系，包括区域分拨中心和末端配送节点建设[①]。在此之前，2015 年国务院办公厅印发关于加快生活性服务业的指导意见[②]，积极发展冷链物流、仓储配送一体化等物流服务新模式，推广使用智能包裹柜、智能快件箱。

[①]　中华人民共和国中央人民政府. 中华人民共和国国民经济和社会发展第十四个五年规划和 2035 年远景目标纲要［EB/OL］.（2021 – 3 – 13）［2023 – 06 – 01］. https：//www. gov. cn/xinwen/2021 – 03/13/content_5592681. htm.

[②]　国务院办公厅. 关于加快发展生活性服务业促进消费结构升级的指导意见［EB/OL］.（2015 – 11 – 22）［2023 – 06 – 01］. https：//www. gov. cn/zhengce/content/2015 – 11/22/content_10336. htm.

2017 年国家邮政局提出建设上门投递、智能箱投递等多元末端配送体系，与多方合作开展多种形式的末端配送服务，建设社区、写字楼、校园等地区的智能快件箱①。2018 年国务院办公厅首次从国家层面明确智能快件箱、快递末端综合服务场所的公共属性②。

为落实国家相关政策，武汉市政府③、上海市政府④提出促进末端配送方案的发展措施，这些措施主要有：（1）将智能快递服务设施纳入公共基础服务设施建设范畴；（2）支持和强化高等院校、住宅区、写字楼和工业园区等生活场景的快递末端服务设施的进驻和覆盖力度；（3）完善城市末端配送体系，建成覆盖 15 分钟社区生活圈以及住宅小区的智能末端配送体系；（4）布局其他品类（例如药品、商超用品和蔬菜鲜果等）的快递自提柜；（5）规定末端配送网点的阶段性布局任务目标。

1.1.2 电子商务及网络购物崛起对末端配送服务提出更高要求

近年来随着移动通信技术突破和普及，中国网民规模的比例扩大⑤。

---

① 国家邮政局. 快递业发展"十四五"规划［EB/OL］. （2021 - 12）［2023-06 - 01］. https：//www. spb. gov. cn/gjyzj/c200027/202112/75c12830542941fe911b3cbe0b5f0b63. shtml.

② 国务院办公厅. 关于推进电子商务与快递物流协同发展的意见［EB/OL］. （2018 - 1 - 23）［2023 - 06 - 01］. https：//www. gov. cn/gongbao/content/2018/content_5260790. htm.

③ 武汉市人民政府办公厅. 武汉市全面深化建设"中国快递示范城市"实施方案［EB/OL］. （2021 - 5 - 19）［2023 - 06 - 01］. http：//www. wuhan. gov. cn/zwgk/xxgk/zfwj/bgtwj/202105/t20210519_1700893. shtml.

④ 上海市人民政府. 上海市推进新型基础设施建设行动方案（2020～2022 年）［EB/OL］. （2020 - 5 - 12）［2023 - 06 - 01］. https：//www. shanghai. gov. cn/nw48504/20200825/0001 - 48504_64893. html.

⑤ 中国互联网信息中心（CNNIC）. 第 47 次中国互联网络发展状况统计报告［EB/OL］. （2021 - 02 - 03）［2023 - 06 - 01］. https：//www. gov. cn/xinwen/2021 - 02/03/content_5584518. htm.

这使得以互联网技术为基础的智能应用及社会服务得到扩张。2020年全球移动电子商务销售额增长19%，占到电子商务总收入的65%。数字渠道在消费者购买流程中发挥着越来越重要的作用①。

随着电子商务的飞速发展，越来越多的消费者选择通过网络购买日常用品，这使得网络购物走入人们的生活，逐渐成为社会经济生活的重要组成部分（章雨晴、甄峰和张永明，2016）。据悉，2020年第一季度中国网络购物市场交易规模达到2.1万亿元，第二季度中国网络购物市场交易规模预期将达到2.6万亿元，环比增长20.9%，同比增长6.8%②。2019年和2020年，中国快递服务企业业务量分别达到635.2亿件、833.6亿件，同比增长31.2%和29%，快递业务收入7497.82亿元、8795.43亿元，同比增长17.3%和17.5%（见图1-1）。

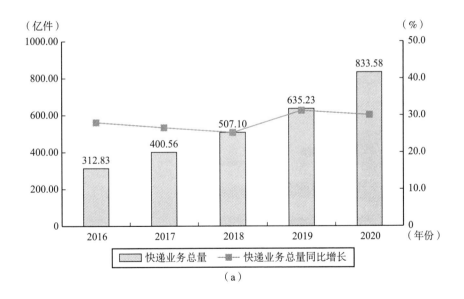

（a）

① 199IT. 网购发展快马加鞭：从行业角度看问题 [EB/OL]. (2021-1-14) [2023-06-01]. http：//www.199it.com/archives/1190250.html.

② 艾瑞咨询. 2020年Q1-2020年Q2中国电子商务市场数据报告 [EB/OL]. (2020-8-14) [2023-06-01]. http：//www.199it.com/archives/1074478.html.

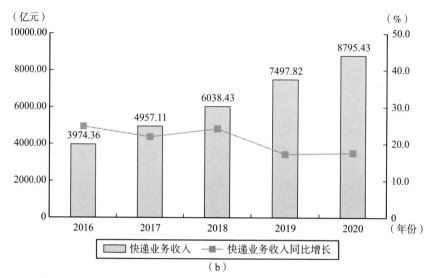

（b）

图1-1　2016~2020年中国快递行业业务总量和业务收入变化情况

资料来源：国家邮政局．2020年邮政行业发展统计公报［EB/OL］．（2021-05-12）［2023-06-01］. https://www.spb.gov.cn/gjyzj/c100015/c100016/202105/3597fc5befd4496a8077d790f0888ee8.shtml.

中国网络购物已进入快速发展阶段。与网购规模增长的同时，消费者的个性化需求也日益增长，这对"最后一公里"配送服务提出更高要求（朱惠琦等，2020）。

1.1.3　快递自提作为解决"最后一公里"配送的替代方案得到推广

如今，传统的送货上门在"最后一公里"配送中存在的问题成为制约"最后一公里"配送高效发展的瓶颈（陆淼嘉和尹钦仪，2021）。例如，"最后一公里"成本居高不下，"最后一公里"耗费时间长，送货上门失败增加二次配送风险，物业代收权责不清晰、快递员入室抢劫事件、用户隐私泄露和禁摩限电等问题。其中，最关键的是成本和效率问题。

"最后一公里"的配送成本占总成本的比重约为 30%。为了降低配送成本高、效率低下等问题，快递自提点、无人机送货、众包物流等末端配送新模式改变了传统的包裹收取方式。在这些模式中，快递自提点已经占据较大的市场份额，快递站和智能柜这两种末端配送形式已经得到政府、企业和用户的广泛认同。其中，智能快递柜能够提供 24 小时自提快递服务，解决送货上门中的时间错配、二次配送等问题。它们是未来最有效的末端快递配送替代方案。

1.2 研究意义

1.2.1 理论意义

第一，探索"最后一公里"配送模式空间分布特征及微区位选址。目前城市物流在社区末端配送中处境越来越艰难。构建以智能柜和快递站为主的新型社区末端配送方式在很大程度上解决"最后一公里"配送问题，方便快捷地提供快递存取业务，有利于进一步促进电子商务和网络购物的可持续发展。本研究以智能柜和快递站两种类型快递自提点为研究对象，以 ArcGIS 空间分析工具探讨其在城市尺度上的宏观分布特征，以遥感影像和矢量数据相结合方式剖析其在社区尺度上的微观选址和形成机制。研究结果为丰富学界对于"最后一公里"配送的位置研究及应用研究提供参考。

第二，丰富 15 分钟社区生活圈公服设施的研究内容。社区生活圈日益成为城市地理和城市规划等相关学科的研究前沿（柴彦威和李春江，2019），焦点是在居民步行范围内完善和精准配置公共服务设施（柴彦威、李春江和张艳，2020）。目前，生活圈模型关注服务可获取性和目的地可达性的步行尺度（刘泉等，2020），本研究探讨城市社区快递自提点宏观分布及微观选址特征，探究 15 分钟社区生活圈内快递网点在 5 分钟步行内的服务可获取性。研究结果有利于完善15 分钟社区生活圈快递类公共服务设施的空间配置。

1.2.2　实践意义

第一，本研究运用空间位置数据，从快递自提点服务提供方的视角，评价步行 5 分钟内的公共服务设施的覆盖范围，该结果有助于评估广州市快递自提点的公共服务供给空间公平性，对于政府及相关部门规划快递自提点空间布局提供参考。

第二，本研究运用基于访谈和调研的问卷数据，从自提点服务提供方和使用方两个角度，总结智能柜和快递站在社区尺度上的微观选址及影响因素、设施使用性等内容，该结果有助于评估广州市快递自提点服务的客户可接受性和使用性特征，对于快递企业提高社区末端配送效率，解决"最后一公里"配送问题提供参考。

1.3　基本概念

1.3.1　物流与配送

物流产业是国际公认的"第三利润源泉"，物流产业的发展将会带动区域的整体发展和对外开放。不同国家、组织和个人对物流的表述略有差异，见表 1-1。中国对物流的定义是，物品从供应地向接受地的实体流动过程。根据实际需要，将运输、储存、装卸、搬运、包装、流通加工、配送、信息处理等基本功能实施有机结合[①]。配送是指在经济合理区域范围内，根据用户要求，对物品进行拣选、加工、包装、分割、组配等作业，并按时送达指定地点的物流活动。通常是在一个比较小的范围内进行的活动，例如某个城市或地区。

表 1-1　　　　　　不同国家或机构对"物流"的定义

国家或机构	物流定义	定义来源
中国	物品从供应地向接收地的实体流动过程。根据实际需要，将运输、储存、搬运、包装、流通加工、配送、信息处理等基本功能实施有机结合	中华人民共和国国家标准《物流术语》
联合国	"物流"是为了满足消费者需要而进行的从起点到终点的原材料、中间过程库存、最终产品和相关信息有效流动和存储计划、实现和控制管理的过程	联合国物流委员会 1999 年的界定
美国	物流是为了符合顾客的需要所发生的从生产地到销售地的物质、服务以及信息的流动过程，以及为使保管能有效、低成本进行而从事的计划、实施和控制行为	美国物流协会
欧洲	物流是在一个系统内对人员及/或商品的运输、安排及与此相关的支持活动的计划、执行与控制，以达到特定的目的	欧洲物流协会，1994 年定义
日本	物流是将货物由供应者向需求者的物理移动，它由一系列创造时间价值和空间价值的经济活动组成，包括运输、保管、配送、包装、装卸、流通加工及物流信息处理等多项基本活动	日本通商产业省运输综合研究所《物流手册》
	物流是克服时间和空间间隔，联结供给主体和需求主体，包括废弃和还原在内的一切资材的物理性移动的经济活动。具体说有运输、保管、包装、搬运等物资流通活动及与之相关的信息活动	日本学者林周二

---

① 国家标准化管理委员会. 物流术语: GB/T 18354-2021 ［EB/OL］. (2021-08-20)［2023-06-01］. https://openstd.samr.gov.cn/bzgk/gb/newGbInfo? hcno=91434A17CE8256349F50E069590E7070.

物流概念是随着交易对象和环境变化而发展的。"物流"在英语中最初为"physical distribution"。1986年，美国物流管理协会将"physical distribution"改为"logistics"，因为前者的领域较狭窄，后者的概念则较宽广、连贯、整体。此后，美国物流管理协会分别于1998年、2002年和2003年分别对"物流"（logistics）的定义进行修订。日本于20世纪60年代引进"物流"（physical distribution）概念，并将其解释为"物的流通"。1979年中国物资工作者代表团赴日本参加第三届国际物流会议，将日本外来词"logistics"翻译为"物流"后，"物流"一词开始在中国得到使用。

目前，物流的分类标准并没有统一，学者们采取如下划分方法：（1）依据物流的研究对象，将其划分为宏观物流和微观物流；（2）依据物流的服务对象，将其划分为社会物流和企业物流；（3）依据物流的活动范围，将其划分为国际物流和区域物流；（4）依据物流的哲学范畴，将其划分为一般物流和特殊物流。其中，城市物流是区域物流的研究重点之一，它是以城市为主体，围绕城市的需求所发生的物流活动。

1.3.2　城市配送

城市配送是物流配送的重要环节，在整个物流行业占据突出地位。它是物流配送的最后一个环节，由物流企业将货物派送到客户手中，实现门到门服务。数据显示，城市配送在成本和时间上的花费占整个物流作业的33%以上（高更君、车雨轩和林慧丹，2019）。

目前城市配送出现一些变化趋势，例如配送主体日趋多元化，小批量、多频次、时效性强的直接配送，住宅高校写字楼配送以及"门到门"配送需求日益增长等（高更君、车雨轩和林慧丹，2019），导致城市末端物流配送成为影响和制约城市物流发展的"瓶颈"。城市配送致力于实现，第一，从城市配送主体出发，降低配送成本，提升企业经济效益与服务竞争力；第二，从配送客体出发，提高配送服务水平，满足配送客体服务水平提升的需求；第三，从城市环境角度出发，减少交通拥挤、资源浪费等负面影响，提升社会经济效益与城市竞争力（温卫娟和邬跃，2014）。

国内外有关城市配送的文献，聚焦在城市配送体系、城市配送模式、城市配送中心、城市配送路径优化、城市配送车辆调度、城市配送信息化建设、城市配送可持续、城市配送评价等问题（许茂增和余国印，2014）。

1.3.3 末端配送

末端配送是指物流业务全环节中的最后一段路程，也称"最后一公里"配送，是整个物流过程中的最后而且关键性的一个步骤。末端配送方案具有多样性的特征。由于末端配送在电子商务物流链中扮演重要角色，它引起了众多利益相关者的关注。电子商务公司、第三方物流服务提供商、专业社区快递公司、房地产公司和物业管理公司共同关注从社区大门到消费者家门口的最后一个配送步骤。这导致网络零售末端配送服务的多样性（Xiao Z et al.，2017）。

末端配送具有的重大意义在于：（1）末端配送是网络零售商面对顾客的唯一方式。客户的个性化需求都是依靠"最后一公里"来实现的，因此顾客对于配送的满意度在很大程度上取决于末端配送环节的质量和效率；（2）末端配送服务可实现增值效益。网络零售商和快递公司在提供末端配送服务的过程中积累了大量终端客户的数据，这些数据对于网络零售商预测前端市场需求和研发后端产品类型提供有力的支撑。

1.4　研究对象的分类

末端配送可以从多个角度进行分类。例如，根据配送区域不同，可分为城市和农村末端配送。从货物温度控制要求来讲，可分为常温和冷链末端配送。从物流主体来讲，可分为自营物流、合同物流和众包物流等末端配送。从行业来讲，可分为工业物流、商业物流和农业物流等末端配送。按照经营类型不同，末端配送可以划分为配送员上门送货模式、第三方物流、便利店合作代收模式、O2O类末端配送模式、物业代收模式、智能快递柜模式。按照配送主体不同，可以划分为企业主导的配送模式、政府主导的配送模式、客户主导的配送模式。按照配送内容不同，可以划分为生鲜品末端配送、大件商品末端配送、中小件商品末端配送（陈见标和陆宇海，2021；周云霞，2020）。按照运输组织方式的不同，可以划分为快运、快递、整车运输等（黄莺，2019）。按照配送区域不同，可以划分为社区、商务区、高校、政府机关、中小学、商圈、工厂等末端配送区域（王贺等，2021）。

按照送货上门与否，本研究将末端配送服务划分为快递自提服务和送货上门服务两种模式（见图1-2）。由于送货上门服务不立足于网点，本研究将关注点放在快递自提服务模式。根据有无快递员值守，将其划分为有人值守快递站和无人值守智能柜两种形式（Liu S et al.，2021）。

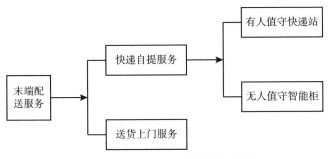

图 1 - 2　末端配送服务的模式划分

（1）无人值守智能柜。也称无人智能柜，简称智能柜，是快递自提点的一种重要形式。这种形式有丰巢智能柜、京东智能柜等样式。

（2）有人值守快递站。也称有人快递站，简称快递站，是快递自提点的另一种重要形式。这种形式有菜鸟驿站、妈妈驿站等样式。

在我国，为了提高"最后一公里"物流的效率，许多第三方物流参与了末端物流配送的发展。菜鸟驿站、丰巢等已经成为越来越重要的第三方物流公司。公开数据显示，截至 2022 年底，菜鸟驿站在全国各地建立了 17 万个站点[1]，丰巢运营着 30 万多个包裹寄存柜，覆盖全国 200 多个城市，每天运送超过 2000 万个包裹[2]。智能柜和快递站两种形式的配送服务，见图 1 - 3。

----

[1]　物流时代周刊 . 阿里财报：菜鸟持续提升服务体验，超 8 万个菜鸟驿站提供送货上门 [EB/OL] . 2022 - 11 - 18. https：//baijiahao. baidu. com/s？ id = 1770565404388234682&wfr = spider&for = pc.

[2]　Hive Box 官网（英文版）. https：//www. hive - box. com/？ redirect = fcbox.

（a）无人智能柜　　　　　　　　　（b）有人快递站

图1-3　智能柜和快递站两种形式的快递自提服务

图片来源：作者自摄。

1.5　相关理论研究

1.5.1　区位选址理论

区位理论是人们在社会经济活动中对事物的空间位置及其结构关系的抽象概括。其研究的问题是人类经济行为的空间区位选择及空间区内经济活动优化组合，而后扩大到各种事物的位置问题。农业区位论、工业区位论以及中心地理论是重要的区位理论，它们对指导区位选址具有重要的理论价值。

中心地理论认为中心地所提供的商品和劳务的需求门槛和服务范围，是与中心地规模、人口分布、收入水平等密切相关。不同等级和规模的中心地的需求门槛和销售范围也不尽相同，在市场原则、交通原则和行政原则的组织之下，中心地形成组织有序的六边形网络结构，这对于指导公共设施布局具有理论意义。

在本研究中，中心地理论六边形网络结构主要用来分析广州市快递自提点的实际位置以及由此而定的公共服务设施覆盖的空间公平性问题，尤其是基于中心地理论的六边形网络结构对优化快递自提点的选址和布局的指导价值。

1.5.2 效用最大化理论

效用水平是一个指数，用来测量某种选择的相对价值（黄涛，2018），是驱动个体行为决策的基本动机。该水平指数原本出现在居住区位决策中，用于分析居住者和公司如何在预算约束下进行空间竞争以达到效用最大化（赵鹏军和万婕，2020）。居住区位模式是根据收入确定的，即与交通成本相比，住房支出与居民收入水平具有更强的相关性。由于需要在"更大的居住空间"和"更少的通勤费用"上做出取舍，收入的差异往往反映在居住区位的选择上，消费者会在交通费用和住房成本之间权衡。因此，工薪阶层更愿意选择靠近工作地点的住宅，而高收入阶层会住在远离城市中心地区。

居住区位决策反映的是城市居民住房消费行为在空间上的价值取向，微观层面的模型研究个人在追求效用最大化的前提下，探讨居民购房选择行为的内在机理（张文忠和刘旺，2004）。如今该理论也广泛用于研究网络消费者的购买决策分析过程（刘光乾，2010；王崇和李一军，2010）、解析个体在效用最大化前提下的行为主体创业与否的抉择过程（黄永春等，2021）、物流路径决策（卢福强等，2019）、土地政策选择问题（钟和曦和李方星，2009）、中国农村劳动力转移决策问题（王方和马光威，2020）等。在本研究中，效用最大化理论用来分析提供便捷服务的快递自提点的微区位位置。

1.5.3 理性行为理论

理性行为理论以及计划行为理论是人类行为最有影响力的理论之一，它是许多消费者行为研究的理论基础。本研究中理性行为理论主要用来分析顾客对快递自提点的态度和接受意愿。

理性行为理论将个人行为视为行为意愿的直接结果，而行为意愿又受到个人态度的影响（Fishbein M and Ajzen I，1975）。在此逻辑关系中，个体对某一对象的态度由其易于接近的信念决定，而态度又是个体行为意愿的主要前因之一。换言之，态度影响意愿，意愿影响行为。这种意愿—行为关联可以用认知失调理论来解释，该理论认为行为意愿和实际行为之间的感知差异会导致心理紧张（认知失调），个人倾向于将他们的行为与尽量减少这种心理紧张的意愿联系起来（Festinger L，1957）。

创新扩散理论进一步指出创新的采纳过程由知识、说服、决策、实施和确认五步组成（Rogers E M，1995）。具体而言，当个人了解创新如何运作时，知识就产生了，这构成了个人对创新感知的基础。其后，个人基于感知对创新形成有利或不利的态度，就会出现说服过程。最后，个人决定采用或是拒绝创新。在此过程中，消费者的信念（对创新的感知）导致态度（有利或不利的态度）并最终导致行为（采纳或拒绝决定）的关联被清楚地呈现出来。由此，研究者们构建出基于"感知（信念）—态度—意愿"逻辑的消费者采纳研究，并且其解释力也得到了广泛的验证（Davis F D，1989；Jeyaraj A、Rottman J W and Lacity M C，2006；Karahanna E、Straub D W and Chervany N L，1999；Taylor S and Todd P，1995）。

第 2 章 国内外相关研究综述

2.1 "最后一公里"配送研究

2.1.1 "最后一公里"配送模式

（1）送货上门模式。

送货上门较早出现在食品购物、外卖行业上。凯恩斯（Cairns S，1996）将送货上门服务引入食品购物上，探讨为食品购物者提供送货上门服务的方式，以此减少购物者不再携带其购买的物品。该研究为其后的送货上门服务方案提供有益探索。

随后，学者关注外卖行业送货上门的服务效率和质量提升问题。例如，陈劲甫、怀特和谢怡恩（Chen C F，White C and Hsieh YE，2020）提出三阶段法解决外卖订单配送问题。第一阶段，使用地理信息系统定位客户指定的送货目的地，第二阶段，根据位置和配送车辆数量对客户订单进行聚类，第三阶段，采用遗传算法求解配送总行程的最小值。该方法在解决当前的订单执行问题方面具有很大的潜力

（Chen RC，Shieh CH and Chan KT et al.，2013）。还有学者对现有的送货上门创新服务、需求和客户可能遇到的问题之间的契合度进行探索性分析（Ghajargar M，Zenezini G and Montanaro T，2016）。

（2）快递自提模式。

研究表明，快递自提点通过减少送货失败的次数，提高了送货效率。卡德纳斯等（Cardenas ID et al.，2017）通过访谈和实证分析送货上门和快递自提两种末端配送模型，认为快递自提在增加末端配送密度的同时，也为送货上门失败提供了一种解决方案。当到达取件点的包裹数量足够多时，对物流承运人和社会均有利。正因如此，快递自提点在法国、英国、荷兰等许多欧洲国家受到欢迎（Kedia A，Kusumastuti D and Nicholson A，2017）。在法国，取件点约占家庭包裹递送的20%（Morganti E，Dablanc L and Fortin F，2014）。

（3）无人机配送模式（drones for last mile logistics）。

随着以道路为基础的交通运输面临越来越大的压力，例如污染、拥堵、配送速度预期等，一种基于道路运输的电气化、自动化移动服务的解决方案提上日程。有学者从演化经济学的角度探讨在快递"最后一公里"中使用无人机配送。分析表明，目前通过电气化和自动化现有车辆技术来提高效率的努力只是短期的解决方案，长期来看打破效率限制是实现社会经济可持续发展的关键（Müller S，Rudolph C and Janke C，2019）。

目前无人机送货出现在食物配送领域。学者们评估无人机技术在送货服务行业减少二氧化碳排放（Goodchild A and Toy J，2018）、研究态度和行为意愿在使用无人机配送服务的效用（Hwang J，Kim H and Kim W，2019；Hwang J，Kim J J and Lee K W，2020）、模型化无人机配送路线使车辆和无人机配送成本最小化（Karak A and Abdelghany K F，2019）等问题。

（4）移动包裹储物柜（mobile parcel lockers）。

此概念是指可以在白天自动或由人类司机移动而改变其位置的包裹储物柜，例如雷诺的自动驾驶平台 EZ - Pro。EZ - Pro 是一款致力于解决"最后一公里"配送难题的自动驾驶货运平台，通过不断改变 EZ - Pro 的位置，顾客可以选择确切的地点、时间和方式来接收快递，以此在满足所有客户需求的同时，尽量减少储物柜的数量（Schwerdfeger S and Boysen N，2020）。

2.1.2 "最后一公里"配送优化研究

目前，网络购物的飞速发展与物流配送的滞后已经严重不匹配，后者已成为电子商务发展的最大瓶颈。

（1）优化城市末端配送命中率的方法。

在执行末端配送时，常常面临配送失败的风险和事实。物流配送公司对优化配送成功率，减少与配送失败相关成本的问题非常感兴趣。为优化末端配送命中率，学者提出了一种利用降低成本界限来剔除无效配送路线的定价方法。经过测算，在牺牲少量额外运输成本的情况下，可以减少超过 10% 的预期配送失败，从而显著地提高末端配送的命中率。（Florio A M，Feillet D and Hartl R F，2018）。

（2）提升物流效率和顾客满意度。

物流效率低和顾客满意度低是中国电商物流企业在提供服务过程中存在的两个问题。究其原因，主要是客户的批量订单不断产生，物流服务商无法满足客户的需求。林一清等（Lin I C et al.，2018）探讨电商产品的类型与物流服务配送模式之间的关系，发现电子商务的产品特征对物流服务有一定的影响，以此为客户选择与其产品特征相匹配的配送模式。首先，生活用品选择快递站配送模式，因为这些产品体积大、价值低，消费者希望随时能够方便地收到产品。其次，生鲜食品的特性是即达性，因此选择及时配送模式。最后，3C产品和奢侈品的特点是小而高价值，送货上门模式不仅能够保障货物安全，而且能够确保公司及时地收到客户反馈。如此，物流服务商通过提供匹配产品特征的物流服务获得较高的收益和客户满意度。

（3）"最后一公里"配送服务策略的选择问题。

陈义友、韩珣和曾倩（2016）认为"最后一公里"配送服务受取货距离、取货时间、收费和顾客理性程度等因素的影响比较显著。基于排队模型，他们提出了不同情况下顾客期望效用的分段函数，以此研究客户有限理性条件下"最后一公里"配送服务选择的均衡问题，从而有效地设计配送服务。许长青和李惠杰（Hsu C I and Li H C，2006）试图通过考虑消费者需求的时间依赖性、供需互动和消费者的社会经济特征，来优化网络购物的送货策略。结果表明，区别服务策略比统一服务策略更适合响应时间依赖性的消费者需求，为应对消费者需求随时间变化的网络购物最优配送服务策略提供了解决思路。

通过在城市和郊区部署快递自提点网络，是实现网络购物末端配送问题的主要策略之一。在法国，快递自提点取货约占家庭包裹递送的20%。莫甘蒂、达布兰克和福汀（Morganti E，Dablanc L and Fortin F，2014）分析法国快递自提点的空间分布，以及运营商如何决定组织他们的快递自提点网络。研究显示，在国家层面，法国的快递自提点目前已成为送货上门的一个成熟替代方案，其末端配送网络已经覆盖了城市、郊区和农村地区。

通过使用快递服务站实现末端配送从灵活的包裹配送到自动化包

裹柜自助存取，是解决网络购物末端配送问题的另一个策略。奥伦斯坦、雷维夫和萨丹（Orenstein I，Raviv T and Sadan E，2019）在研究中引入了一个将包裹配送到快递服务站的物流模型。在传统的投递模式中，每个收件人指定一个他们希望接收包裹的地点。然而，当使用快递服务站时，许多收件人可能在几个地点中没有强烈的偏好，例如，靠近收件人的家庭住址、靠近收件人的办公室或在收件人最喜欢的购物中心等。研究结果证明了快递服务站配送模型与传统的非柔性模型相比，具有明显的优点，同时也证明快递服务站配送模型可以适应随机和动态的环境。

（4）通过算法求解车辆路径的最佳解决方案。

在快递自提与送货上门相结合的多元化服务策略下，研究末端配送的车辆路径问题，可以显著地提升物流配送效率和节约运营成本。在车辆路线问题上，通过解构不同场景下车辆路径的配送效率，合理规划末端配送的车辆路线得到研究者的青睐。

禁忌搜索算法被用于解构车辆路径问题及货物配送服务（Montané FAT and Galvão R D，2006）。研究者提出一种将改进的 Clark – Wright 保存算法和禁忌搜索相结合的混合启发式算法，并比较采用混合和分离路由策略的整数规划模型。结果表明，快递自取和送货上门服务之间的结合可以帮助降低总体运营成本（Huang Z，Huang W and Guo F，2019）。学者们也将第一公里取货与"最后一公里"送货相结合，考虑城市配送系统中的路线效率均衡问题。研究者发现，在共享的车辆路线上合理整合第一公里和"最后一公里"的运营，配送业务的效率收益高达30%，配送企业可以减少对城市交通压力和碳排放的影响高达16%，同时增加资产利用率，降低车队的运营成本（Bergmann F M and Wagner S M，2020）。

在城市环境下，道路拥堵是末端配送的一个重要问题。在此情况之下，配送时间不确定下的多车辆盈利式取货和配送路线问题成为学者们关注的一个方面（Bruni M E，Toan D Q and Nam L H，2021）。如何通过时间窗口为配送服务寻找车辆路径问题的最佳解决方案。马哈茂迪和周雪松（Mahmoudi M and Zhou X，2016）提出了一个新的时间离散化的多种商品的取送货时间界面，以允许联合优化车辆分配和通向道路拥堵的交通网络的路径。其构建的三维状态时空网络，能够全面列举车辆时空路径上任意给定时间的可能交通状态，进而允许采用正向演化动态规划求解算法，求解单个车辆的取送货时间界面问题。霍恩斯特拉等（Hornstra R P et al.，2020）探讨包括取货、送货和装卸费用的车辆路径问题。他们提出了一种自适应大邻域搜索元启发式算法，该算法可以在多达 15 个客户的实例中找到最优解决方案。另外，西蒙尼等（Simoni M D et al.，2018）采用元启发式算法讨论考虑地点、车队和路线选择的包裹配送的整合解决方案。该模型考虑了不同的城市物流枢纽配置和政策方案的总成本和环境影响。研究结果表明，将管制与补贴相结合来解决交通进出问题是最有效和最环保的方法。

除上述算法外，研究者还将单个旅行商问题转化为目标相同的多旅行商问题，提出了一种基于遗传算法的启发式算法。该研究提出的解决低需求服务中心的快递配送问题的方法，有助于具有战略联盟的快递公司共享自身资源（Ferdinand F N et al.，2013），从而使战略联盟的联盟企业的增量利润最大化。

（5）通过优化末端配送网络提升末端配送效率。

城市配送节点可分为大型综合城市物流配送基地、城市物流配送中心、社区配送集散点三类，分别代表城市配送物流服务三级网络的一级、二级、三级配送节点（李樱等，2015）。学者们通过解构快递自提点在物流网络中的位置和作用，分析城市末端配送网络的设计和优化问题，以提升末端配送效率和节省配送成本。海茨和贝齐亚特（Heitz A and Beziat A，2016）研究巴黎地区包裹行业的区位及其在物流活动空间组织中的作用，并将包裹行业的区位与其他物流活动的区位进行比较。结果显示，不同物流部门的区位并不相同，而且包裹行业的分散性与其他物流活动的分散性有很大差异，包裹行业的分散程度仍低于其他物流活动的分散程度。卡德纳斯和贝克斯（Cardenas I D and Beckers J，2018）分析基于城市物流原理的快递自提点网络的主要绩效指标。首先，通过测量步行 5 分钟范围内的顾客数量，计算出每个快递自提点的"顾客来源区"面积。其次，分析快递自提点所处的设施类型。再次，通过克拉克 - 埃文斯检验（Clark and Evans test）检查这些快递自提点的聚集程度。最后，从经营时长和歇业天数来评估快递自提点的可用性。以此构建城市物流建设指标体系，并研究比利时安特卫普市及周边区域的快递自提点网络现状，及评估世界其他地方的快递自提点网络。结果显示，这些网络的可用性和可达性不鼓励使用非机动工具，这表明需要一个更具战略性的规划来协调个体利益相关者和公共利益相关者的目标。

在快递末端配送中一个现实问题是，如何为每个需要服务的客户分配一组异质性的司机和车辆。在这两个相互冲突的需求面上，日常需求的波动和紧张的资源限制禁止固定的资源分配。为了在此方面找到一个合理的折中方案，本德、卡尔西奇和迈耶（Bender M，Kalcsics J and Meyer A，2020）在建立配送区域时候提出了三种不同的模型，它们在输入数据的详细程度、对服务一致性的期望遵守程度、驱动程序的合同工作时间和计算工作量等方面有所不同。韩珣和王坤（Han

X and Wang K，2018）建立了将快递自提点水平和客户需求类型考虑在内的两阶段布局优化模型，结果表明，在企业现金流能力有限的情况下，应根据企业自身对发展目标的重视程度进行预算分配。

此外，在设计城市末端配送网络时，学者们将与自提点可用性相关的地理空间数据考虑在内。阿马拉尔和库尼亚（Amaral J C and Cunha C B，2020）提出了一种识别街道网络的方法，该方法允许在给定的城市考虑出行时间和地理隔离对"最后一公里"出行距离分布的影响。通过对拉丁美洲、美国和欧洲三大洲六个大城市繁忙的中心地区的实证对比，论证了该方法的实际应用。该研究提出的结果和见解可以帮助不同的利益相关者，构建更加合理的城市末端配送网络。

2.2　快递自提点研究

2.2.1　空间分布与区位选址研究

2.2.1.1　快递自提点的空间分布特征研究

在快递自提点的城市空间分布特征研究中，为什么在城市空间的一些地区快递自提点多而另一些地区快递自提点少？什么因素导致它们的空间分布的差异化？根据学者们对西安、东莞、武汉、深圳、南京、长沙等城市的菜鸟驿站的相关研究，快递自提点在空间分布的依托类型、微区位选择、空间格局、影响因素存在基本共识。

（1）快递自提点的服务对象。

快递自提点的服务对象以社区为主，其次是企业、工业园、商业街区、大学城等区位，出入口附近是快递自提点的常见微区位。根据西安、东莞、武汉、深圳、南京、长沙等城市的实证结果显示，菜鸟驿站的服务对象以社区为主，其次是企业、工业园、商业街区、大学城等，其微区位布局遵循就近原则，在小尺度空间上倾向于"最后三百米"和"最后一百米"，但是菜鸟驿站和邮政速递在空间布局上表现出微差异。无人智能柜的服务对象主要是社区、学校和乡镇，其次是企业和办公楼。

深圳市菜鸟驿站和中国邮政速递物流站点的快递自提点服务对象种类繁多，二者都主要以服务社区为主，企业、工业园、酒店等为辅，快递自提点的区位选择一般靠近服务对象的出入口，80% 的快递自提点分布在距其最近出入口 200 米范围内，邮政站点更接近服务对象（刘玲等，2019）；南京市无人快递自提点的主要服务对象为社区、学校和乡镇，其次是企业、企业和办公楼（Mehmood M S et al.，2020）。长沙市快递自提点的主要服务对象为社区、学校、企业，其次为乡镇、企业、景区、行政单位，约 77.44% 的自提点位于服务对象的出口附近，对于菜鸟驿站而言，80% 的自提点位于出口 125 米以内，而80% 的中国邮政自提点位于出口 175 米以内（Xue S et al.，2019）。

（2）快递自提点位置的依托类型。

快递自提点的依托类型以超市、百货公司和个体商店为主。快递自提点的经营模式以独立经营为主，但也有一些依靠超市、百货公司和个体商店。肖作鹏等（Xiao Z et al.，2017）认为由于末端配送在电子商务物流链中扮演着重要的角色，它引起了众多利益相关者的关注。电子商务公司、第三方物流公司、专业社区快递公司、房地产公司和物业管理公司共同关注从社区大门到消费者家门口的最后一个配送步骤。

根据学者们对中国城市的快递自提点依托类型进行的案例研究，深圳市快递自提点依托类型多样，由市场主导的菜鸟驿站主要依托专业的快递公司、便利店等，而由政府主导的邮政站点一般设于中国邮政的分支服务网点（刘玲等，2019）。南京市的无人值守式快递自提点的经营模式以独立经营为主，但也有部分经营模式依赖于超市、百货公司和个体商店（Mehmood M S et al.，2020）。长沙市的快递自提点的经营模式以连锁加盟为主，其他经营模式均以超市等个体店型为主（Xue S et al.，2019）。

（3）快递自提点的空间分布特征与影响因素。

快递自提点空间分布呈现异质性特征。实证结果显示，菜鸟驿站在空间分布上呈现多核心结构模式，空间异质性表现为"中心城区多周边区县少"的核心边缘结构差异（西安、东莞、武汉、南京、长沙），其空间结构与城市形态保持一致。深圳市快递自提点，呈现"中西部多，东部少"的特点，沿"东—西"走向集聚分布，为多核集聚模式（刘玲等，2019）。南京市的无人值守式快递自提点空间分布不对称，呈西北—东南走向趋势，南北、东西向存在明显差异，快递自提点在空间上形成四个主要的聚集区域，且自提点的数量随着距离核心的距离而减少（Mehmood M S et al.，2020）。长沙市快递自提点空间分布不均衡，表现出城市中心多、外围少的特征，呈西北—东南走向，沿轴线对称的空间分布格局，快递自提点在空间上形成三个聚集区域，自提点的数量随着距离核心的距离而减少（Xue S et al.，2019）。由此可知，空间分布不均衡是快递自提点在城市分布的一致性特征，通常表现为城市中心地区多、外围地区少，另一个一致性特征是快递自提点在空间上呈现聚集性，且快递自提点聚集度由中心向外围减少。

社会经济发展因素、城市功能分区因素、建成环境因素和人口特征因素等影响快递自提点空间分布特征。它们的综合作用形成快递自提点在城市空间分布的异质性。发展特征因素使用的指标有，经济发展水平、常住人口、人口密度、市辖区面积。城市功能分区因素使用的指标有，土地利用类型、工商企业个体数、居民用地、工业用地。建成环境因素使用的指标有，城市地区、城市密度、交通便捷程度。人口特征因素使用的指标有，年龄、婚姻、工作状态、居住家庭模式、居民购买力等。

2.2.1.2 快递自提点的区位和选址分析

位置研究关心的是在什么地方放置快递自提点的问题，事关网点在城市配送网络中末端配送的效率和成败。对于快递服务提供商来说，快递自提点的选址采用临时位置可能会支付高昂成本，而采用固定位置可能会拒绝某类消费者的光顾（Kedia A，Kusumastuti D and Nicholson A，2020）。因此，成功的快递自提点位置会考虑顾客的行为偏好、消费者分布模式、快递自提点位置的可达性等。

学者们已经在中国、新西兰、韩国、巴黎等国家或地区开展快递自提点的位置研究，分析完成"最后一公里"配送网点的区位特征及选址模型。

（1）快递自提点布局的宏观区位特征。

快递自提点倾向于布局在出行距离短、可达性高的区位或业态，这样的地区可以是居住小区、商业街等人口密度大的城市核心区，也可以是工业园区、郊区交通要道沿线等交通便利的城市边缘地区。

安德里安卡娅（Andriankaja D，2012）认为接近客户是物流配送服务公司选择区位的影响因素之一。研究表明，快递自提点往往靠近其托运人所在的主要工业园区和商业街区。澳大利亚布里斯班的快递自提点也表现出趋向于工业园区、商业街区、邮政所在地和郊区交通要道分布的状态（Lachapelle U et al.，2018）。不仅如此，快递自提点的最佳位置应位于人口密度高、路网密集、地理障碍少、互联网接入率高的位置（Lachapelle U et al.，2018；Zheng Z，Morimoto T and Murayama Y，2020）。这些位置具有较高的吸引力价值、营业时间长、交通便利、占地面积大、人口密集等特征，也可以是零售连锁店等业态。

研究者比较人们到传统快递自提点与非传统快递自提点的平均出行距离，发现出行距离阈值对快递自提点选址产生影响。600米出行距离是乳品店、超市等非传统自提点覆盖范围与邮局等传统自提点覆盖范围的分水岭，当出行距离超过600米，非传统自提点的覆盖范围将小于传统自提点的覆盖范围（Kedia A，Kusumastuti D and Nicholson A，2020）。这意味着，在微尺度空间选址上，非传统自提点布局在出行距离小于600米的位置，配送效果比传统自提点的效果更佳，因为顾客通过步行或自行车更容易到达。刘玲等（2019）认为快递自提点的区位选择一般靠近服务对象的出入口，80%的快递自提点分布在距其最近出入口200米范围内，邮政站点更接近服务对象。

（2）快递自提点的选址分析和覆盖范围划分。

设施选址问题的意义在于，通过定位一个外部确定的设施数量，从而使需求点和设施之间的成本最小化。由于覆盖问题对人们到达他们最近的设施所需要的距离进行限制，因此它更适合寻找建立快递自提点的最优密度和最优位置（Kedia A，Kusumastuti D and Nicholson A，2020）。覆盖问题可以细分为集合覆盖问题、最大覆盖问题和p中值问题三种类型（Ahmadi－Javid A、Seyedi P and Syam SS，2017），学者较多采用层次分析法、聚类分析和选址模型等方法，求解快递自提点的最优区位及覆盖范围。

对于非独立的快递自提点而言，依附其他业态提供快递服务变得很重要。郑子来、森本晃司和村山（Zheng Z，Morimoto T and Muray-ama Y，2020）使用快递自提点的位置数据，采用多准则决策分析方法和哈夫模型，分析快递自提点的合理位置及依附设施问题。在阐释快递自提点 300 米、500 米及 1000 米范围内的楼宇分布情况，以及 0～1200 米距离范围内所有快递自提点候选位置的排名变动之后，发现最佳的备选设施应位于人口密度高、路网密集、地理障碍少的地区，该设施为具有较高的吸引力价值、营业时间长、交通便利、占地面积大、人口密集的零售连锁店。

鉴于目前配送设施的服务总体分布不均，顾客需求多样，且地理评价相对不足的情况。林丽云等（Lin L et al.，2019）从供求差异视角测度快递自提点的配送服务空间。结果表明，杭州市快递自提点配送服务空间存在显著的空间不均匀性和社会不公平性。拉夏贝尔等（Lachapelle U et al.，2018）分析澳大利亚昆士兰州东南部五个城市的包裹寄存柜的位置数据，采用聚类分析方法识别出城市、郊区、郊区邮政所和购物中心四种自提点位置类别。李香淑等（Lee H et al.，2019）以韩国仁川市某居住区为例，选择 5 个潜在的快递自提点位置，并分别计算 200 米、250 米和 300 米服务半径内自提点到建筑物的直线距离，统计不同服务半径要求下直线距离总和最小时的潜在位置点，其研究致力于开发一套可用于寻找潜在位置、确定位置数目及选择最佳位置的快递自提点选址决策系统。奥利维拉等（De Oliveira L K et al.，2019）分析位于药店、加油站、邮局、超市、商场等场所的快递自提点对于电子消费者接受此配送方案的可达性，使用空间分析来确定快递自提点的覆盖范围。

（3）快递自提点的选址模型优化问题。

案例研究、统计分类方法和数学模型被用于快递自提点的位置研究。安德里安卡娅（2012）采用案例研究方法研究快递自提点的位置，分析位置与客户之间的联系。卡德纳斯和贝克斯（2018）采用文本分析方法研究比利时安特卫普市快递自提点网络的位置。陈义友、韩珣和曾倩（2016）基于巢式逻辑模型和排队模型，构建了有限理性下快递自提点选址的多目标优化模型，采用分段效用函数研究考虑受送货上门影响的自提点选址问题。韩珣、张锦和曾倩（Han X，Zhang J and Zeng Q，2019）引入分段函数、信号强度函数和概率函数，结合距离感知和联合覆盖对顾客行为的影响，建立基于遗传算法进行求解的竞争环境下自提点选址模型。徐贤豪等（Xu X et al.，2020）结合客户行为数据分析，以成本最小为目标，分析有人值守和无人值守式快递自提点的选址优化。林云辉等（Lin Y H et al.，2020）以新加坡为案例，提出了一种量化的方法来确定最佳的储物柜位置，其目标是使联盟提供的整体服务最大化，研究希望通过开设新的快递自提点设施来改善"最后一公里"配送，该结果强调了考虑顾客选择的重要性。

2.2.1.3 快递自提点可持续性使用的评价

面对日益复杂的电商配送网络和居高不下的末端配送成本，研究者提出一种扩展的路径成本近似模型，探索在城市"最后一公里"配送网络中整合快递自提点的解决方法，并将该模型和解决方法应用到真实的案例研究中，为电商企业建立"最后一公里"配送模式提供新的探索（Janjevic M，Winkenbach M and Merchán D，2019）。为了更好地了解网上购物者对新式送货服务的态度，巴西的学者分析了无人智能柜在巴西贝洛奥里藏特市的潜在需求，发现虽然送货上门是顾客的首选，但智能快递柜对网购者的潜在需求仍然较高，这有助于帮助决策者识别特定城市环境下最适合的创新行为（De Oliveira L K et al.，2017）。也有学者分析快递自提点的实施过程。有学者基于对快递员、快递企业和包裹运输公司的半结构化访谈，阐述促成快递自提点配送模式传播的因素和障碍，以此推动快递自提配送模式成为包裹递送的主导模式，以此减轻许多与传统送货上门模式相关的配送失败、复杂路线规划和交通延误等问题（Zenezini G et al.，2018）。

2.2.1.4　基于企业和客户视角的快递自提点可达性

奥利维拉等（2019）利用空间分析工具分析了不同交通方式下的交通基础设施、人口位置和就业位置的可达性，分析位于药店、加油站、邮局、超市、商场等场所的快递自提点对于电子消费者接受此配送方案的可达性，发现不同城市的快递自提点可达性水平存在差异，凸显了经济活动、土地利用模式和交通对可持续城市规划的重要联系。

鉴于学者对于新西兰人接受快递自提点知之较少，凯迪亚、库苏马斯图蒂和尼科尔森（Kedia A，Kusumastuti D and Nicholson A，2017）从消费者的角度分析克赖斯特彻奇市的快递自提点的可接受性。结果表明，影响克赖斯特彻奇居民接受快递自提点的因素可以分为几个主题，如快递自提点的网络密度、快递自提点的停车位可用性、快递自提点的空间位置、靠近消费者的家或办公室、安全和安全的运营和快递自提点的运营时间。除了传统指标的影响外，快递自提点的可达性还受到消费者出行行为、潜在的其他购物活动出行、提供快递服务的店铺的具体类型、营业时间以及空间指标等的影响。因此，有学者评估快递自提点的可接受性时，考虑快递自提点的"顾客来源区"面积、自提点所处的设施类型、自提点的聚集程度以及自提点可用性的经营时长和歇业天数等指标（Cardenas I D and Beckers J，2018）。

面对顾客需求多样化以及配送设施的服务总体分布不均的状况，研究者考虑供求差异的配送服务空间可达性。林丽云等（2019）以杭州市普遍存在的快递自提点为例，探讨影响居民可达性的相关因素，发现居民乘车服务可达性存在显著的空间不均匀性和社会不公平性，且与住宅维修管理相关。管理良好的封闭式社区通常能够有效地获得专属服务，而开放社区和自建单体住宅，由于老化率高、缺乏物业管理，非专属设施的服务可用性低而导致服务不足。

2.2.2　感知、态度与顾客接受意愿

2.2.2.1　感知—态度—意愿—行为的分析框架

第一种概念框架基于创新扩散理论。该理论认为，创新被认为是个人或群体的某个新的想法、实践或对象。快递自提点是电子商务"最后一公里"配送的一个很有前景的创新型自助服务技术，这就涉及顾客对快递自提点的接受行为。王学钦等（Wang X et al.，2018）重点分析消费者对快递自提点在初期接受行为（接受前）的决定，讨论创新扩散理论在更加广泛的感知特征中的创新特征，例如某个给定技术超越其前代的相对优势，该创新与现有系统和技术的相容性，尝试和观察某创新的障碍，以及技术的复杂性。

（1）从信念—态度—意愿逻辑，构建快递自提点接受意愿理论框架。

学者们将感知相容性（perceived compatibility）、感知复杂性

（perceived complexity）、感知试用性（perceived trialability）、感知观察性（perceived observability），以及感知相对优势（perceived relative advantage）看作是信念（belief）的几个重要组成部分（Wang X et al.，2018、2019；Tsai Y T and Tiwasing P，2021；Zhou M et al.，2020；Yuen K F et al.，2018、2019）。

按照信念（belief）—态度（attitude）—意愿（intention）的逻辑框架（见图 2 - 1），学者发现感知相容性、感知试用性和感知相对优势对态度，以及态度对意愿具有正向作用效应，感知复杂性对态度具有负向作用效应，而感知观察性对态度的正向作用效应没有得到验证（Wang X et al.，2018）。其他关于信念的指标，例如设计、感知风险、感知价值、安全性和感知可靠性等对态度的显著作用效应也得到验证（见表 2 - 1）。

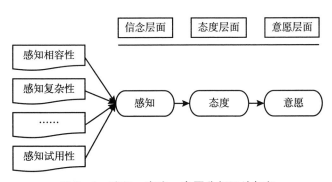

图 2 - 1　感知—态度—意愿分析理论框架

表 2 - 1　　　　　　　　感知—态度—意愿研究内容和文献支撑

路径	题项	文献来源
→态度	感知相容性（定制性）；感知复杂性（功能性）；感知相对优势；感知观察性；感知试用性；设计；感知风险；感知价值（趣味性）；安全性；感知可靠性（保障性）	Wang X et al.（2018，2019）；Tsai Y T and Tiwasing P（2021）

路径	题项	文献来源
→意愿	态度（认知态度；情感态度）；行为控制；绩效预期；付出期望；社会影响；感知风险；感知满意；设备条件；感知相对优势；感知相容性；感知复杂性；感知试用性；感知可观察性；感知价值；交易成本	Wang X et al.（2018，2019）；Tsai Y T and Tiwasing P（2021）；Zhou M et al.（2020）；Yuen K F et al.（2018，2019）

王学钦等（Wang X et al.，2019）进一步将态度拆解为认知态度和情感态度，分别讨论二者对于意愿的影响。根据其研究结果，认知态度和情感态度均对意愿具有正向作用，而情感态度也会正向影响认知态度，见图2-2。在认知态度中，研究发现便利性、设计性和安全性三种顾客认知对认知态度产生正向影响，而趣味性、保障性两种顾客情感对情感态度产生正向作用。同时也发现功能性对顾客认知态度的正向作用不明显，定制性对顾客的情感态度的正向作用不明显。

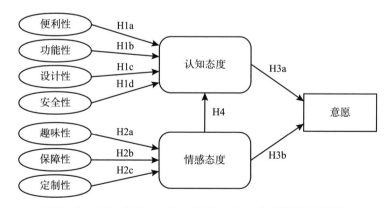

图2-2 态度（认知态度、情感态度）—意愿模型理论框架

资料来源：王学钦等（Wang X et al.，2019）。

此外，该模型还有几种不同的模式。其一，意愿是受到态度和感知行为控制两个层面因素的影响，感知行为控制也对态度产生影响，即行为控制和态度模型，见图2－3。其二，意愿受到感知价值和交易成本两个层面影响，即价值和交易成本模型，见图2－4。

（2）从意愿—行为产生的逻辑，构建快递自提点使用行为理论框架。

接受意愿→使用行为逻辑框架不再探讨感知对意愿和行为的影响，而是将研究重点放在从意愿到行为发生的逻辑，此过程探讨哪些因素对行为发生具有正向和负向作用效应，以及探索行为产生的发生机制，见图2－5。

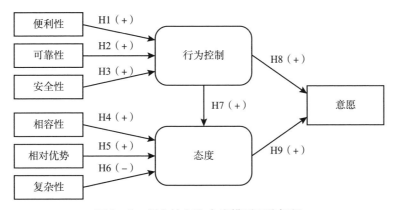

图2－3 行为控制和态度模型理论框架

资料来源：Tsai Y T and Tiwasing P（2021）。

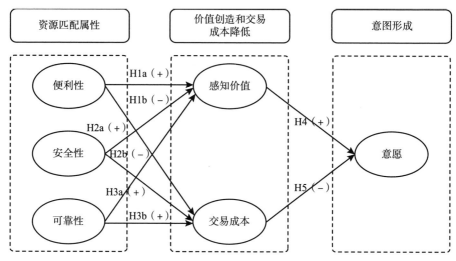

图 2 - 4　价值和交易成本模型理论框架

资料来源：Yuen KF et al.（2019）。

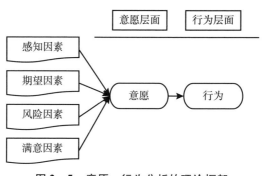

图 2 - 5　意愿—行为分析的理论框架

在此框架之下，意愿产生的因素被理解为绩效预期、付出期望、社会影响、感知风险、感知满意和设备条件，行为被理解为受到意愿、感知满意和设备条件的多重路径影响，见图 2 - 6。

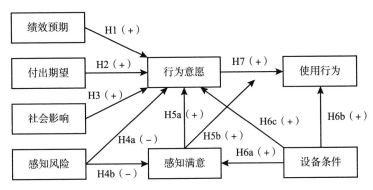

图2-6　意愿—行为分析的实证研究框架

资料来源：Zhou M et al.（2020）。

基于企业角度，快递自提点所在位置的可达性是企业需要考虑的一个方面，另一个方面是顾客使用快递自提点的决定因素是什么？而对于顾客来讲，快递自提点所在位置以及快递自提点自身设计是其使用快递自提点的考虑因素。因此，学者们比较关注从行为产生的理论视角，阐述顾客使用快递自提点的理论基础。

2.2.2.2　顾客关于快递自提点的接受态度和意愿

快递自提点作为一种末端配送新模式，以解决传统的送货上门末端配送模式的低效和失败，正在经受来自企业和客户双重视角的检验。研究者一方面关注快递自提点在电商环境中应用的可能性，另一方面关注接受使用取件点服务的消费者个体特征。

学者们通过对电商消费者的问卷调查数据，将消费者特征与使用和支付快递自提点服务的意愿联系起来（Wang X et al.，2018；Milioti C et al.，2020；Zhou M et al.，2020）。有研究证实了消费者感知对快递自提点的正向影响（Wang X et al.，2018；Milioti C et al.，

2020），与消费者态度相比，感知对消费者接受快递自提点的重要性相对较弱（Wang X et al.，2018）。在感知因素中，消费者感知到的快递自提点服务环境贡献、感知到的时间压力、感知到的城市中心用车情况、消费者对相容性、可试验性和复杂性显著影响消费者使用快递自提点的意愿（Wang X et al.，2018；Milioti C et al.，2020），但也有研究认为感知风险对消费者使用快递自提点的行为意愿具有负向影响（Zhou M et al.，2020）。除感知因素之外，网购频率、绩效期望、努力期望、社会影响和便利条件也会影响消费者对快递自提点的接受意愿（Milioti C et al.，2020；Zhou M et al.，2020）。

为了检验决定顾客对使用快递自提点收取快递的接受程度，学者进行了一项消费者行为意愿研究。发现消费者对快递自提点的积极态度和感知到的相对优势直接导致更强的采纳意愿。消费者的感知相容性、感知可试验性和感知复杂性通过态度间接影响消费者的接受意愿，其中感知相容性和感知可试验性对意愿产生正向影响，感知复杂性对意愿产生负向影响。此外，态度是影响消费者接受意愿的最主要因素（Wang X et al.，2018）。该研究从创新扩散和态度理论的综合观点概念化并验证了消费者对快递自提点的采纳行为，进而从消费者视角为物流创新方面的理论和经验研究做出贡献。

也有学者从创新扩散视角，分析顾客使用快递自提服务作为"最后一公里"配送方式的意愿。结果表明，在创新的五个关键特征中，相对优势、相容性和可试验性正向影响顾客使用快递自提服务的意愿，将快递自提服务融入消费者的生活方式、价值观和需求，是提升消费者消费意愿的重要步骤（Yuen K F et al.，2018）。王学钦等（2019）从认知和感情视角探讨消费者接受快递自提服务的影响因素，发现感情不仅内在地激励消费者的接受意愿，而且通过认知对意愿产生间接的影响。由此可知，要引起消费者的喜爱，关键是要创造愉快的、有保障的和安全的服务体验。另外，缺乏服务体验的快递自提服务供给，可能会妨碍消费者的行为意愿。陈劲甫、怀特和谢怡恩（2020）的结果表明，技术焦虑和服务便利性对快递自提服务接受意愿的影响较大，这提供了阐释顾客使用快递自提服务意愿的新见解，具有重要的理论和管理意义。

也有学者从其他视角解析顾客对快递自提服务的接受性。例如，袁锦辉等（Yuen K F et al.，2019）以资源匹配、感知价值及交易成本经济学理论为基础，分析顾客在"最后一公里"送货时使用智能储物柜的影响因素。结果表明，便利性、隐私安全性和可靠性对顾客意愿的影响完全受感知价值和交易成本的中介作用。陈远高等（Chen Y et al.，2018）结合情景因素和个体因素，提出了一个阐述消费者使用自助包裹派送服务意愿的三因素模型，研究发现，地理位置便利、乐观、创新、人际交往需求等因素均对消费者使用自助包裹递送服务的意愿有正向影响，社会化因素也正向影响消费者使用自助包裹递送服务的意愿。该研究发现提示快递企业提供末端配送服务需要聚焦于其营销力量和消费者群体的个体特征，如乐观和创新等。由此可知，加强社会因素的服务互动，以选择最佳地点的快递自提点，也是扩大用户数量和提高服务体验的必要条件。

在新西兰，凯迪亚、库苏马斯图蒂和尼科尔森（2017）以克赖斯特彻奇市为案例，发现影响克赖斯特彻奇的居民接受快递自提点的因素可以分为如下几个主题，如快递自提点的网络密度、快递自提点的停车位可用性、快递自提点的空间位置、靠近消费者的住所或办公室、安全的运营和快递自提点的运营时间等。以波兰为例，学者从环境态度和行为视角探讨 Y 世代（1980～1995 年期间出生的人）的网络购物者对快递自提点的接受意愿。研究认为，环境态度可能会影响波兰 Y 世代的快递自提点的使用意愿，年轻人愿意为他们认为的环保配送形式多支付费用，但是他们认为快递自提点并不是一种环保的末端配送方式（Moroz M and Polkowski Z，2016）。

总体而言，学术界对于快递自提点接受意愿研究框架的认知差别来源于其对感知和行为控制的理解差异，尽管如此，学者们也取得一些共识。

（1）评价指标上，衡量感知的指标与衡量情感的指标比较类似（见表 2 - 2）。衡量感知的指标通常有感知相容性、感知复杂性、感知相对优势、感知观察性、感知试用性、感知便利性、感知可靠性和感知风险等，而衡量情感等行为控制、感知价值和交易成本等的指标有便利性、可靠性、安全性、功能性（感知复杂性）、设计性、趣味性（感知价值）、保障性（感知可靠性）和个性化（感知相容性）等，二者的评价指标体系比较类似。

表 2 - 2　　　　　　　感知和情感评价指标的内容及文献来源

路径	题项	文献来源
感知	感知相容性、感知复杂性、感知相对优势、感知观察性、感知试用性、感知便利性、感知可靠性、感知风险	Wang X et al.（2018，2019）；Tsai Y T and Tiwasing P（2021）；Zhou M et al.（2020）；Yuen K F et al.（2018，2019）
行为控制	便利性、安全性、可靠性、相容性、复杂性、相对优势	Tsai Y T and Tiwasing P（2021）；Zhou M et al.（2020）
价值	便利性、安全性和可靠性	Yuen K F et al.（2019）
交易成本	便利性、安全性和可靠性	Yuen K F et al.（2019）

（2）作用效应上，有利感知对态度产生正向作用，不利感知产生负向作用（见表2－3）。有利的感知，例如感知相容性、感知试用性、感知便利性、感知可靠性、感知相对优势以及感知满意等题项，被认为与态度具有正向关系，这已经在文献中得到验证（Wang X et al.，2018，2019；Tsai Y T and Tiwasing P，2021；Zhou M et al.，2020）。不利的感知，例如感知复杂性和感知风险，被认为与态度具有负向关系，但是学者们对于感知复杂性与态度的认识产生了分歧，有研究支持了感知复杂性对态度的负向作用路径（Wang X et al.，2018），也有研究表示该种负向作用路径并没有完全得到支持（Yuen K F et al.，2018）。学者对感知风险对于态度的负向作用效应的看法比较一致（Zhou M et al.，2020）。

表2－3　感知的作用路径及相关结论一览

题项	路径	方向	结论	文献来源
感知相容性	→态度	+	支持	Wang X et al.（2018）；Tsai Y T and Tiwasing P（2021）
感知复杂性	→态度	−	支持；不支持	Wang X et al.（2018）；Wang X et al.（2019）；Tsai Y T and Tiwasing P（2021）；Yuen K F et al.（2018）
感知观察性	→态度	+	不支持	Wang X et al.（2018）；Yuen K F et al.（2018）
感知试用性	→态度	+	支持	Wang X et al.（2018）；
感知相对优势	→态度	+	支持	Wang X et al.（2018）；Tsai Y T and Tiwasing P（2021）
感知便利性	→行为控制	+	支持	Tsai Y T and Tiwasing P（2021）
	→态度	+	支持	Wang X et al.（2019）

续表

题项	路径	方向	结论	文献来源
感知可靠性	→行为控制	+	支持	Tsai Y T and Tiwasing P（2021）
	→态度	+	支持	Wang X et al.（2019）
感知风险	→行为控制	+	支持	Tsai Y T and Tiwasing P（2021）
	→意愿	－	支持	Zhou M et al.（2020）
感知满意	→意愿	+	支持	Zhou M et al.（2020）
安全性	→态度	+	支持	Wang X et al.（2019）
行为控制	→意愿	+	支持	Tsai Y T and Tiwasing P（2021）
	→态度	+	支持	Tsai Y T and Tiwasing P（2021）
位置便利性	→意愿	+	支持	Chen Y et al.（2018）
态度	→意愿	+	支持	Wang X et al.（2018）； Tsai Y T and Tiwasing P（2021）
意愿	→行为	+	支持	Zhou M et al.（2020）

（3）技术方法上，学者们一般采用定量调查技术和结构方程模型解释快递自提点态度和意愿。在问卷访谈的基础上，学者将受访者对于使用快递自提点的相关回答转化为克里特五级量表，采用路径分析模型阐述快递自提服务接受意愿的影响因素。

对于感知相容性而言，学者们比较关心快递自提点是否迎合网购消费者目前的消费习惯、生活方式、取件方式等；对于感知复杂性，学者们关心的是快递自提点尽量操作简单，以便于网购消费者轻松地操作和使用电脑界面，方便地存取快递；对于感知可观察性，学者们关心快递自提点是否可以通过学习别人操作而快速学会，因此"做中学"的相关问题被学者较多地关注；对于感知试用性，学者们关心的是快递自提点是否支持试用，包括试用时间、试用功能等因素，在消费者不愿意接受快递自提服务的时候，通过让消费者试用一段时间和部分功能可以达到让消费者接受的目标；对于感知相对优势，学者们关心的是与传统的送货上门服务相比，快递自提服务对于顾客的优势在哪里，比如，更加方便、快捷、安全地接收快递等；对于态度，学者们关心的是消费者使用快递自提服务之后的评价，因此，好/坏、方便/不方便、喜欢/不喜欢是评价标准；对于接受意愿，学者们关心的是快递自提服务的可持续性，包括会不会继续使用快递自提服务、愿不愿意向亲朋好友推荐使用快递自提服务等。各题项的问题设计见表 2 - 4。

表 2 - 4　　　　　　　　快递自提点态度和意愿的问题设计及来源

题项	问题设计
感知相容性	CPA1：使用快递自提点自取包裹符合我的生活方式
	CPA2：使用快递自提点自取包裹符合我的需求
	CPA3：使用快递自提点自取包裹符合我喜欢的取件方式
	CPA4：使用快递自提点自取包裹符合我目前情况
感知复杂性	CPL1：使用快递自提点自取包裹会很容易
	CPL2：使用快递自提点自取包裹会很困难
	CPL3：我认为学会如何使用快递自提点是困难的
	CPL4：使用快递自提点自取包裹是苦恼的
	CPL5：我认为操作快递自提点是烦琐的
	CPL6：使用快递自提点自取包裹需要付出很大努力
感知可观察性	OBS1：我可以毫不费力地告诉其他人我是如何从快递自提点取包裹的
	OBS2：我可以与其他人交流我是如何从快递自提点取包裹的
	OBS3：我可以毫不费力地解释为什么使用快递自提点自取包裹是有益的还是无益的
	OBS4：通过快递自提点自取包裹的过程（流程）对我来说是显而易见的

续表

题项	问题设计
感知试用性	TRI1：我觉得试用快递自提点很容易
	TRI2：我知道我可以去哪里尝试快递自提点的各种功能
	TRI3：我被允许试用快递自提点足够长的时间
	TRI4：我能够在必要时试验快递自提点设施
	TRI5：快递自提点对我充分开放，让我可以测试它提供的各种功能
感知相对优势	RAD1：与送货上门相比，使用快递自提点可以改善我的整体包裹接收体验
	RAD2：与送货上门相比，使用快递自提点会让我更容易收到包裹
	RAD3：与送货上门相比，使用快递自提点可以让我更快地收到包裹
	RAD4：与送货上门相比，使用快递自提点会更有优势
	RAD5：使用快递自提点是接收我的包裹的最佳方式
态度	ATT1：坏/好
	ATT2：不愉快/愉快
	ATT3：不喜欢/喜欢
	ATT1：我觉得使用智能储物柜很有趣
	ATT2：我期待在网上购物时使用智能储物柜
	ATT3：总的来说，我对使用智能储物柜接收包裹的态度是它们很有用
意愿	INT1：不太可能/可能
	INT2：不太可能/可能
	INT3：不太可能/可能
	ITT1：我打算以后使用智能储物柜接收包裹
	ITT2：我会向我的朋友推荐智能储物柜
	ITT3：我打算经常使用智能储物柜

2.2.3 快递自提点对城市、物流和消费者的影响

电子商务相关的"最后一公里"物流对城市有很大的影响。近年来，大多数发达国家的电子商务持续增长，这一趋势因新冠疫情而得到

加强，然而个体成员、物流公司和公共管理参与者对此现象的感知差别较大。罗伊格和帕劳（Viu－Roig M and Alvarez－Palau EJ，2020）关注这种现象已经和将要产生的影响，结果显示，"最后一公里"配送对经济、社会、环境和技术四个维度产生不同程度的影响，未来应该更加注意那些对城市系统和不同利益相关者产生最大影响的维度和因素，以减轻其外部性对公共政策实施产生的影响。

学者探讨包裹寄存柜对顾客出行行为产生的影响。霍费尔等（Hofer K et al.，2020）的研究表明，每一次自提快递可减少27%的碳排放。此外，由于引入了包裹寄存柜系统，有可能使12%的末端配送模式从汽车配送转向环境友好型配送模式。在雅典，一项评估智能储物柜对交通和环境影响的结果表明，智能储物柜极大地缓解送货上门和电子商务活动大幅增加导致的城市"最后一公里"配送活动，以及由此引发的城市环境的整体影响（Kiousis V，Nathanail E and Kara-kikes I，2019）。刘成喜、王倩和苏西洛（Liu C，Wang Q and Susilo YO，2019）考察出行链特征、个体特征和土地利用特征对各出行链和出行方式选择组合的影响，发现观察到的和未观察到的出行链和模式选择决策在不同群体之间具有差异性。与其他群体相比，与伴侣住在一起的年轻人、有孩子的单身成年人和有孩子有伴侣的成年人更喜欢开车去取快递。研究也发现，将5%的快递自提点从城市地区迁往郊区和农村地区，可以减少末端配送中22.5%的车辆行驶公里。

学者关注"最后一公里"配送对送货上门失败、交通压力的影响。宋丽颖等（Song L et al.，2009）通过使用来自英国西萨塞克斯郡的家庭数据库，证实使用本地邮局、超市和火车站作为快递自提点可能会比传统的送货方式带来更多好处。研究表明，当首次送货上门失败的比例大于20%时，快递自提点将最有效地降低与处理首次交付失败相关的总旅行成本；超过30%时，大量顾客就会使用快递自提服务收取快递。结果表明，通过使用快递自提点，可以大大减少与送货上门失败相关的处理成本。

研究末端配送解决方案对网络购物使用行为的影响也是学者关注的一个方面。肖作鹏、詹姆斯·王和刘倩（Xiao Z，Wang J J and Liu Q，2018）基于对电子购物行为和送货意识的调查，探讨在控制个人社会经济属性和零售环境后的末端配送设施的可用性、送货服务满意度和电子购物使用之间的交互作用，发现个体的社会经济属性是影响网络购物消费和频率的最主要因素，提高末端配送设施对网络购物支出的影响较小，而对网络购物频率和快递服务满意度的影响较大。其中，快递配送公司的配送站点数量对网络购物的影响较大，但无人智能柜和有人快递站对网络购物的影响不如预期强烈。韦尔特夫雷登（Weltevreden J W J，2008）以荷兰为例，探讨快递自提点的使用情况及其对零售商、购物中心和流动性的影响。研究发现，快递自提点是荷兰目前快递自提服务的主要形式，但是使用快递自提点配送网络订单的比重只有1.4%，以及荷兰网络购物者目前主要使用快递自提点来退货。该研究认为，荷兰的快递自提服务使用率较低，且目前它对网络零售商、购物中心和流动性的积极效应很小，同时该研究也认为需要重视快递自提点的逆向物流功能和五分钟车程距离对于成功实现快递自提的重要意义。

2.3　研究述评及研究启示

（1）快递自提点选址研究比较注重不同选址模型的效益分析，学者们关注选址模型本身及其效益而非具体选址。

更多研究旨在评价不同需求之下选址模型的优劣、选址模型的效益。陈义友、韩珣和曾倩（2016）研究考虑送货上门影响的自提点多目标选址问题，他们认为，忽略送货上门的影响将导致设立的自提点总成本和总服务需求量增加，顾客理性程度越高，自提点的总成本和总服务需求将越大，在低运费条件下，顾客将更多地选择送货上门服务，反之将选择自提服务。韩珣、张锦和曾倩（2019）研究竞争环境下自提点选址问题，他们建立考虑距离感知和联合覆盖对顾客行为影响的自提点竞争选址模型。徐贤豪等（2020）讨论在使用顾客行为数据的情况下，优化有人值守式和无人值守式快递自提点的选址模型，结果表明，梯度提升树算法在估计客户购买概率方面优于其他四种算法，其结果可以进一步帮助网上零售商权衡消费者服务水平和总物流成本来决定合适的快递自提点类型。林云辉等（2020）以新加坡为案例，提出了一个多项式逻辑回归模型来确定最佳的储物柜位置，其目标是使联盟提供的整体服务最大化。

通过这种分析技术，有效地确定微尺度空间上快递自提点的布局位置、需求数量以及覆盖范围等，对节省快递自提点提供商的成本投入以及居民自提快递出行时间和距离等诸多方面大有裨益。上述研究启示，第一，可以确定不同类型快递自提点在多种距离标准下的服务范围并划分等级。第二，对快递自提点的布局微区位进行划分，总结微区位布局模式及其影响机制，指导广州市快递自提点布局优化。

（2）结构方程模型被用于解析国外众多案例地快递自提点的顾客接受性，但是将广州市作为案例地评估快递自提服务接受意愿的影响因素尚需讨论。

在快递自提服务接受性的评估中，研究者基于国外案例，在创新扩散理论、计划行为理论基础上，根据"感知—意愿—行为"分析框架，构建解析顾客在"最后一公里"配送中接受快递自提服务意愿的指标体系。综合而言，感知相容性、感知复杂性、感知观察性、感知试用性、感知便利性、感知风险、感知可靠性和感知相对优势是衡量态度的重要指标，位置也是衡量接受意愿的重要考虑指标（Chen Y et al.，2018；Wang X et al.，2018；Yuen K F et al.，2018，2019；Zhou M et al.，2020）。但是国外的研究框架及其指标体系能否适用于中国城市的末端配送实情和消费者接受意愿，尚缺乏足够讨论。

相比国外案例城市而言，广州市作为中国人口超过1000万的超大城市，以及粤港澳大湾区核心城市，同时也是中国网络购物和快递业务的大都市，但是，关于广州市的快递自提点布局和使用的理论和实证研究相对不足。因此，本研究以国内超大城市广州市为案例地，通过空间分析技术和结构方程模型，总结快递自提点的空间分布特征，评估快递自提的服务水平及其空间均衡性，识别顾客接受意愿的主要影响因素，以此提升国内城市末端配送的服务水平和设施布局均衡性。

第3章　研究设计

3.1　研究问题

中心地理论刻画的是在市场原则、行政原则和交通原则下形成的城镇体系分布的理想模型，模型为确定中心地和划分市场区提供理论指导。效用最大化理论用于分析居住者和公司如何在预算约束下作出最优决策以达到效用最大化。理性行为理论是消费者行为研究的理论基础，它将个人行为视为行为意愿的直接结果。

公共服务设施关注布局过程中的选址、可达性、空间公平性、社会经济效应以及公共设施需求和满意度等问题（湛东升等，2019）。基于广州市快递自提点的位置分布，本研究提出的科学问题是：（1）区位选址理论下，作为公共服务设施的快递自提点的位置布局是否遵从某种空间分布规律，抑或是某个随机过程？（2）效用最大化理论下，广州市快递自提点微观区位的布局位置是否能够为顾客提供最大效用的快递自提服务？（3）理性行为理论下，位置便捷性和感知对快递自提点的消费者接受意愿具有什么样的影响？具体而言：

第一，广州市快递自提点在城市空间的宏观分布特征，包括快递自提点在广州市是如何分布的？这种空间分布体现什么样的特征？为什么会呈现此种空间特征？

第二，广州市快递自提点的空间可达性特征，包括快递自提点5分钟步行可达圈的覆盖范围是如何的？及其与主要兴趣点的空间关系特征。前者事关公共服务设施的公平性评价，即从配送主体出发，评价步行通达等时圈的空间覆盖范围；后者从配送客体出发，事关公共服务设施的使用性评价。回答的是广州市快递自提点的位置布局是否遵从空间分布规律问题。

第三，广州市快递自提点布局的微区位有什么特征？回答的是广州市快递自提点微观区位的布局位置提供快递自提服务的效用最大化问题。

第四，顾客对快递自提点的态度和接受意愿是怎样的？何种因素对顾客态度和接受意愿产生作用？位置便利性和感知因素在态度和意愿中产生何种作用？回答的是快递自提点的顾客接受意愿问题。

3.2 研究内容和研究技术路线

本研究主要分为8章探讨广州市快递自提点的公平性、便利性和顾客接受性。

第1章，讨论在网络购物的崛起、快递自提配送形式的推广以及国家大力支持末端配送服务发展的背景下，提出快递自提点研究的概念内涵、分类以及研究意义。

第2章，评述末端配送的区位和选址问题、空间分布问题和顾客接受性问题等方面的相关文献，尤其是将快递自提点的顾客接受性置于"感知—态度—意愿"的分析框架，评价快递自提点顾客接受性的影响因素。

第 3 章，提出本研究的科学问题、研究内容和研究框架，将科学问题分解为若干个子问题：（1）广州市快递自提点的空间公平性问题；（2）广州市快递自提点的宏观分布特征；（3）广州市快递自提点的微区位模式和形成机制；（4）广州市快递自提点的顾客接受性问题。在此基础上，阐述解决这些问题所采用的研究方法和研究数据。

第 4 章，根据快递自提点空间位置，从集聚与分散视角采用核密度分析技术与空间自相关分析技术探究快递自提点的空间分布特征，并采用地理加权回归模型阐述其空间分布影响因素的地域差异，回答广州市快递自提点是如何分布的问题及其影响因素作用效应的地域差异，为在哪个区域应该采用哪种理论模型指导快递自提点布局提供支撑。

第 5 章，探究快递自提点空间布局的微区位和模式特征，回答快递自提点布局在何种具体位置及其地理环境特征，并阐述不同微区位布局类型的形成机制，以此为理论模型指导快递自提点的微区位选址提供支撑。

第 6 章，从顾客的态度和意愿视角，探究末端配送服务消费者接受意愿的影响因素，尤其是关注位置便利性和感知因素在顾客态度和意愿中所起直接作用和中介作用。

第 7 章，根据中心地理论构建快递自提点的理论分布模型，讨论理论模型和实际位置的可达性问题，以回答快递自提点是否方便快捷地提供快递自提服务，并提出基于理论模型的广州市快递自提点的布局优化策略。理论模型在指导网点实际布局时需要综合考虑成本、微区位特征等的影响，这需要评估广州市快递自提点空间分布影响因素的地域差异、识别网点分布的微区位特征。

第 8 章，结论与讨论，主要探讨本书的主要结论、研究创新点、研究不足和进一步研究问题。

本书技术路线见图 3 – 1。

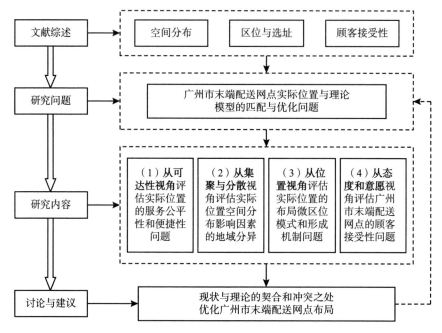

图 3 – 1　研究技术路线

3.3　研 究 方 法

3.3.1　定性研究方法

（1）文献调查法。

全面收集、详读与"末端配送""最后一公里"相关的国内外文献资料，跟踪学术前沿，并进行比较分析，寻求本研究的科学问题。

（2）数理统计方法。

采用最大值、均值、变异系数等方法，以边长为 500 米的方形格网为统计单元，统计这些统计指标在每个方形格网中的总数量情况。

（3）问卷调研方法。

在评估位置便利性对顾客关于快递自提点态度和接受意愿时候，采用问卷调研的方法将获取的顾客感知结果进行量化，放入构建结构方程进行评估。

3.3.2　空间分析方法

核密度估计方法主要用于描绘快递站和智能柜两种类型快递自提点在广州市域的宏观空间分布特征，哪个地区的快递自提点多而哪个地区的少。空间自相关包括全局空间自相关和局部空间自相关，被广泛用于分析同一空间变量在不同空间位置的相关性（Wang S et al.，2020；Foelske L and Riper C J V，2020；Ye S et al.，2020）。

（1）核密度估计。

核密度估计从点特征使用核函数来计算单位面积的大小来生成平滑的锥形曲面。密度面表示点特征集中的地方，有助于检测发生事件的热点。在犯罪、商业和交通活动中，它是探索空间集聚特征的一种手段（柳林等，2017；Jia R，Khadka A and Kim I，2018）。本研究采用核密度来检测快递自提点分布的空间集聚特征。核密度等级越高，点分布越密集，散射越低，反之亦然。公式如下：

$$f(s) = \sum_{i}^{n} \frac{k}{\pi r^2} \left(\frac{d_{is}}{r} \right) \tag{3.1}$$

其中，$f(s)$ 为位置 s 处的核密度；$r = 500$ 米，为搜索半径；d_{is} 是 i 到位置 s 的距离；k 是 d_{is} 的权值。

（2）全局空间自相关。

全局空间自相关度量某一位置的变量值与相邻位置（Wang S et al.，2020）中同类值的关系程度。Moran's I 指数是根据空间自相关检测空间模式最常用的技术，即聚类、分散或随机（Foelske L and Riper C J V，2020；Anselin L，1995）。利用 Moran's I 评价广州市快递自提点的空间分布格局。所用公式如下：

$$I = \frac{n \sum\limits_{i=1}^{n} \sum\limits_{j=1}^{n} W_{ij}(x_i - \bar{x})(x_j - \bar{x})}{\sum\limits_{i=1}^{n} \sum\limits_{j=1}^{n} W_{ij} \sum\limits_{i=1}^{n} (x_i - \bar{x})^2} \qquad (3.2)$$

其中，I 是全局莫兰指数值。如果 Moran's I 在 0.05 水平上显著，说明变量之间存在显著的空间正相关，即相邻区域特征值相似具有聚类趋势。

全局空间自相关空间分布模式判断原理，见图 3-2。

（3）局部空间自相关。

虽然 Moran's I 指数可以有效地检测全局空间自相关，但它不能描述局部空间聚类和离群关系。局部 Moran's I 指数（local Moran's I index）又称聚类和离群分析（cluster and outlier analysis），是通过检测空间数据高（热点）或低（冷点）集中的空间聚类特征来分析局部空间自相关的方法（Foelske L and Riper C J V，2020；Ye S et al.，2020）。公式如下：

$$I_i = \frac{z_i - \bar{z}}{\sigma^2} \sum_{j=1, i \neq 1}^{n} \left[w_{ij}(z_j - \bar{z}) \right] \qquad (3.3)$$

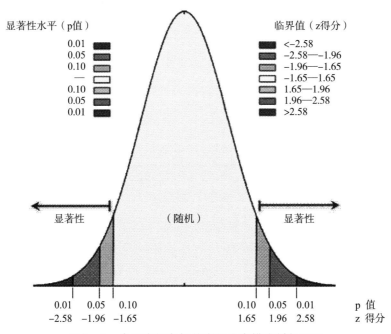

图 3 - 2　全局空间自相关空间分布模式判断原理

　　其中，I_i 是局部莫兰指数，分为四种类型：高高聚集（HH）、高低异常（HL）、低低聚集（LL）和低高异常（LH）。HH（LL）聚集意味着观测位置与相邻位置拥有同样或高（低）的观察值，换言之，高值在一个同样是高值的区域（HH）或低值在一个同样是低值的区域（LL）。HL（LH）异常是指观测位置与相邻位置的值存在明显的差异，或者是高值被低值区包围（HL）或者是低值被高值区包围（LH）。

　　相关判断见图 3 - 3。

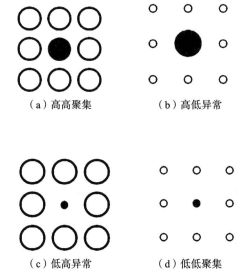

（a）高高聚集　　　　　　（b）高低异常

（c）低高异常　　　　　　（d）低低聚集

图 3 - 3　局部空间自相关对空间位置关系的判断

资料来源：Zhang C et al.（2008）。

3.3.3　计量分析模型

（1）地理加权回归模型。

GWR 模型能够充分考虑各影响因素的空间特征，准确刻画自变量与因变量之间的空间关系（Yu H et al.，2020；Zhou C et al.，2020）。公式如下：

$$Y_i = \beta_0(\mu_i, \nu_i) + \sum_{\lambda}^{n} \beta_\lambda(\mu_i, \nu_i) X_{i\lambda} + \varepsilon \qquad (3.4)$$

其中，Y_i 为研究区域内第 i 个地理单元的快递自提点的数量；$\beta_0(\mu_i, \nu_i)$ 为常数，$\beta_\lambda(\mu_i, \nu_i)$ 为回归系数，(μ_i, ν_i) 为地理单元 i 的地理位置，$X_{i\lambda}$ 为地理单元 i 的 λ 自变量的参数值，ε 为随机误差。在 GWR 4.0 中自动获得最佳带宽距离，并用 Akaike 信息准则（AICs）

进行有限校正。AIC 值越小模型的拟合优度越高。

（2）结构方程模型。

结构方程模型具有同时处理多个因变量、容许自变量和因变量含测量误差、同时估计因子结构和因子关系、容许更大弹性地测量模型和估计整个模型的拟合程度等优点，被广泛运用于社会学、心理学和行为科学等领域。其方程式如下：

测量方程：

$$X = \wedge_X \xi + \delta \tag{3.5}$$

$$Y = \wedge_Y \eta + \varepsilon \tag{3.6}$$

结构方程：

$$\eta = \beta\eta + \Gamma\xi + \zeta \tag{3.7}$$

其中，$\wedge_X$ 和 $\wedge_Y$ 为观测变量的因素负荷量，ξ 和 η 分别为外因潜变量（因变量）和内因潜变量（果变量），δ 和 ε 分别为 X 变量和 Y 变量的测量误差，β 和 Γ 为路径系数矩阵，ζ 为内因潜变量的误差。

3.4　数 据 来 源

本研究采用的基本数据为带有地理特征的快递自提点位置数据和 2740 个行政社区的社会特征数据。在以往的研究中，快递自提点的地理空间数据通常是通过百度地图获取位置点的坐标信息，这种数百个 POI 的不完整数据集通常无法满足空间分布研究的精度需求。

随着智能手机和应用程序的发展，使用更完整和稳定的措施来获取大量的位置数据变得可能。本研究使用了 Hive Box App 获取的丰巢的名称、地址、经纬度信息。数据获得主要有以下几个步骤：（1）首先以5千米为间隔设置控制点，确保控制点能够完全覆盖整个广州市域范围；（2）以控制点为圆心，以5千米为半径搜索范围内的蜂巢点的地理坐标（经度和纬度）；（3）删除重复的蜂巢位置点。最终，共获得11832个丰巢。另外，丰巢以外的其他有人值守快递站和无人值守智能柜的地理坐标是从百度地图的POI获得的。除此之外，还通过百度地图POI搜集其他的有人快递站和无人智能柜数据。

社区层面的人口统计特征数据，如总人口、城市化率、人口老龄化、劳动人口、高学历人口、居住条件等来源于2010年人口普查数据。生活设施、工作设施、公共设施等城市POI数据来自百度地图。道路密度、建筑密度和建筑楼层通过互联网上的 Open Street Map（OSM）和 ArcGIS 获得。数据名称及来源见表3-1。

表3-1　　　　　　　　　　本研究的数据名称及来源说明

数据类型	数据名称	来源
空间数据	快递自提点（无人值守式智能柜；有人值守式快递站）的位置数据	百度地图 POI；手机应用 POI
	城市的其他 POI 数据	百度地图 POI
	ArcGIS 矢量地图数据	网络搜集
	高分影像遥感数据	卫星影像地图下载器
统计数据	国民经济统计数据	普查资料
	人口统计学特征数据	
	社区社会经济发展数据	
问卷数据	结构化数据：顾客感知因素、态度、接受意愿	问卷调研

3.5　案例城市与研究区域

研究区域是我国广东省省会城市广州市，它是中国网络购物和快递业务的大都市。2020 年广州市实物商品网上零售额 1937.42 亿元[①]，占全国实物商品网上零售额 97590 亿元[②]的比重为 1.99%；广州市快递业总量和收入全国占比分别为 9.14%、7.89%，这两项均在中国城市排行榜上占据第二名。

广州市是我国人口超过 1000 万人的超级城市，是粤港澳大湾区核心城市之一。截至 2019 年，城市建成区面积 1324.17 平方千米。11 个市辖区由核心向边缘划分为内城、中心城区、近郊区和远郊区的多核心城市空间结构。内城是内环路包围的区域，中心城区为内环路与二环（广州环城高速）之间的区域，地域范围包括荔湾区、越秀区、天河区和海珠区的全部或者部分地区；近郊区包括距离主城区较近的白云区、黄埔区、番禺区；远郊区包括距离主城区较远的花都区、从化区、增城区、南沙区。

运用 ArcGIS 10.2 的 fishnet 工具创建一个 500 米 × 500 米的正方形格网，以此作为本研究空间分析和数理分析的统计单元。它主要用来统计方形格网中智能柜和快递站的数量，以此分析快递自提点的总体数量特征、空间分布特征和步行通达性特征等。

---

① 广州市商务局. 广州实物商品网上零售额逆势增长三成新业态新模式引领全国［EB/OL］.（2021 - 02 - 04）［2023 - 06 - 01］. http：//sw. gz. gov. cn/swzx/swyw/content/post_7068516. html.

② 国家统计局. 2020 年国民经济稳定恢复　主要目标完成好于预期［EB/OL］.（2021 - 01 - 18）［2023 - 06 - 01］. http：//sw. gz. gov. cn/swzx/swyw/.

　　鉴于网格化地理空间已经广泛用于基于地理单元的空间统计和分析研究中，本研究首先对广州市城市空间进行网格化处理，其次统计落入网格化空间的快递自提点数量。网格化空间的好处主要有两个：一是方便定位城市空间，每个格网设置一个唯一编码，这样既能避免快递自提点数量未能准确统计的失误，又能准确并直观定位快递自提点在网格化空间中的位置；二是统计了研究单元的面积，每个格网的面积为统一的 0.25 平方千米（即 500 米 × 500 米），这样做是为了避免基于地理单元的空间统计和空间分析因为面积不统一而导致的失真或失效的情况。经过网格化处理，共得到 29943 个 500 米 × 500 米的正方形格网。

　　从格网占用率来看，广州市 19229 个快递自提点分布在 4461 个正方形格网中，还有 25482 个正方形格网空置。一方面，快递自提点的格网占用率在市域层面上较低（接近 15%）；另一方面，快递自提点的格网占用率在区县层面上呈现由中心向外围的梯度递减现象，见表 3 - 2。首先，在核心区的越秀区、海珠区、天河区和荔湾区，有快递自提点占用的格网数量均较多，格网占用率在 60% ~ 90% 之间。其次，在近郊区的番禺区、白云区和黄埔区，格网占用率在 20% ~ 30% 之间。最后，在远郊区的花都区、南沙区、增城区和从化区，格网占用率低于 15%。

表 3 - 2　　　　快递自提点在区县空间视角的占用和空置情况

行政区划		占用格网数量（个）	空置格网数量（个）	格网总数量（个）	格网占用率（%）
全市		4461	25482	29943	14.9
核心区	越秀区	128	14	142	90.1
	海珠区	245	121	366	66.9

续表

行政区划		占用格网数量（个）	空置格网数量（个）	格网总数量（个）	格网占用率（%）
核心区	天河区	359	191	550	65.3
	荔湾区	177	103	280	63.2
近郊区	番禺区	654	1464	2118	30.9
	白云区	790	1908	2698	29.3
	黄埔区	437	1491	1928	22.7
远郊区	花都区	567	3451	4018	14.1
	南沙区	354	2649	3003	11.8
	增城区	545	6092	6637	8.2
	从化区	205	7998	8203	2.5

第4章　广州市快递自提点宏观分布特征及影响因素

本章首先评估广州市快递自提点的空间分布特征，其次分析影响广州市快递自提点空间分异因素的地域差异。

4.1　数量、均值和变异系数

（1）广州市快递自提点的总量较大，但是各区县之间网点数量存在较大差异，且网点差异总体上呈现出核心区的网点数量较多、地区差异小，边缘区的网点数量较少、地区差异较大的特征。

市域层面上，在4461个占用格网中，广州市共有19226个快递自提点，网点最大值为42个，最小值为1个，平均每个格网有4.31个网点，网点变异系数为1.15，见表4-1。

区县层面上，网点均值由核心区向边缘区梯度递减、网点变异系数由核心区向边缘区梯度递增，见表4-1。具体而言，位于核心区的越秀区、荔湾区、海珠区和天河区，其网点数量相对较大，网点均值（6~10个）大于广州市的4.31，且网点变异系数（0.11~0.87）小于广州市的1.15；位于近郊区的白云区、番禺区和黄埔区，其网点数

表 4 - 1　　　　　广州市快递自提点的均值和变异系数统计结果

行政区划		网点数量 （个）	网点最大值 （个）	网点均值 （个）	网点变异系数
全市		19226	42	4.31	1.15
核心区	越秀区	1272	38	9.94	0.77
	海珠区	2145	40	8.76	0.87
	天河区	2826	38	7.87	0.87
	荔湾区	1180	32	6.67	0.83
近郊区	白云区	3491	42	4.42	1.14
	番禺区	2379	32	3.64	1.06
	黄埔区	1525	26	3.49	0.93
远郊区	花都区	1718	22	3.03	1.09
	增城区	1417	17	2.60	0.98
	南沙区	846	13	2.39	0.88
	从化区	430	11	2.10	0.80

量大，网点均值（3~5个）大于广州市小于核心区，且网点变异系数小于广州市但略大于核心区；位于远郊区的花都区、增城区、南沙区和从化区，其网点数量较小，网点均值（2~3个）小于广州市，且网点变异系数与近郊区的相当。

（2）广州市域内，无人值守智能柜的数量和占比大于有人值守快递站，各区县之间智能柜和快递站的数量和空间分布也存在较大差异，总体呈现中心—外围结构，即核心区的网点数量较多且地区差异小、边缘区的网点数量较少且地区差异较大。

在19226个快递自提点中，有人值守快递站、无人值守智能柜的占比分别为37.1%和62.9%，见表4-2。市域层面上，平均每个格网的快递站和智能柜个数分别是1.60个和2.71个，快递站和智能柜的变异系数分别为 1.47 和 1.52，见表 4 – 3。区县层面上，网点均值由核心区向边缘区梯度递减、网点变异系数由核心区向边缘区梯度递增，见表 4 – 3。具体而言，位于核心区的越秀区、荔湾区、海珠区和天河区，快递站和智能柜的网点均值（2~4 个、4~8 个）均大于广州市的 1.60 和 2.71 个，且网点变异系数（0.94 ~ 1.16、0.98 ~ 1.07）小于广州市的 1.47 和 1.52；位于近郊区的白云区、番禺区和黄埔区，快递站和智能柜的网点均值（1~3 个、2~3 个）均小于核心区，且网点变异系数均大于核心区；位于远郊区的花都区、增城区、南沙区和从化区，快递站和智能柜的网点均值（0 个以下、1~3 个）均小于广州市，且网点变异系数均大于近郊区。

表 4 – 2 　　　　　　　　　快递站和智能柜的数量和占比情况 　　　　　单位：%

行政区划		自提点形式			
		快递站		智能柜	
		横向占比	纵向占比	横向占比	纵向占比
全市		37.1	100.0	62.9	100.0
核心区	越秀区	28.5	5.1	71.5	7.5
	海珠区	32.5	9.8	67.5	12.0
	天河区	42.4	16.8	57.6	13.5
	荔湾区	35.4	5.9	64.6	6.3
近郊区	白云区	52.7	25.8	47.3	13.7
	番禺区	37.0	12.3	63.0	12.4
	黄埔区	33.2	7.1	66.8	8.4
远郊区	花都区	30.7	7.4	69.3	9.8
	增城区	24.7	4.9	75.3	8.8
	南沙区	28.6	3.4	71.4	5.0
	从化区	25.6	1.5	74.4	2.6

表 4 - 3　　　　　　　　快递站和智能柜的均值和变异系数统计结果

行政区划		快递站				智能柜			
		网点数量（个）	网点最大值（个）	网点均值（个）	网点变异系数	网点数量（个）	网点最大值（个）	网点均值（个）	网点变异系数
全市		7134	26	1.60	1.47	12095	38	2.71	1.52
核心区	越秀区	363	12	2.84	1.01	909	30	7.10	1.07
	海珠区	698	19	2.85	1.07	1447	33	5.91	0.99
	天河区	1199	26	3.34	0.94	1627	38	4.53	0.94
	荔湾区	418	12	2.36	1.16	762	30	4.31	0.98
近郊区	番禺区	881	13	1.35	1.13	1498	31	2.29	1.06
	白云区	1840	21	2.33	1.20	1651	32	2.09	0.99
	黄埔区	506	13	1.16	1.26	1019	21	2.33	1.48
远郊区	花都区	527	10	0.93	1.54	1191	19	2.10	1.64
	南沙区	242	8	0.68	1.51	604	12	1.71	2.03
	增城区	350	8	0.64	1.83	1067	14	1.96	2.32
	从化区	110	4	0.54	3.38	320	10	1.56	4.58

注：均值和变异系数按照占用格网计算。

4.2　空间分布特征和集聚模式

　　一般来说，空间分布有离散的、随机的和聚合的三种模式。离散是指一定区域内每个观测数据之间的差异程度，差异性越大，观测数据越离散。聚合与离散相反，指一定区域内每个观测数据之间的相关程度，相关程度越大，观测数据越聚集。随机是无模式，既不能从随机数据中获取结论，也发现不了规律和模式。本节采用核密度估计和空间自相关两种空间分析技术评估广州市快递自提点的空间分异特征。

4.2.1 核密度值显示快递自提点呈现空间分异特征

广州市快递自提点核密度可以划分为五个等级。第一等级核密度值（0～3.84），第二等级核密度值（3.85～14.41），第三等级核密度值（14.42～30.74），第四等级核密度值（30.75～57.15），第五等级核密度值（57.16～122.47）。它们可以概括为核密度高值区（第二至五等级）与核密度低值区（第一等级）。

核密度空间分布结果表明，核密度值在空间上呈现"小集聚"特征。一方面，对全市而言，核密度高值区主要分布于内城和中心城区，核密度低值区主要分布在中心城区的外围地区以及广大的农村地区。对卫星城市而言，核密度空间分布也呈现"中心高外围低"的特征。另一方面，内城和中心城区的某些地点核密度特别高，例如西关、东山、杨箕、龙凤街、滨江街、素社街、下渡、赤岗、五凤乡、猎德、员村、林和、京溪、小北、三元里、鹅掌坦、沙贝、花地湾、小谷围等是快递自提点聚集的地点。但是在广州站、北京路、二沙岛、珠江新城、琶洲、仑头、瑞宝、五山等地点核密度相对较低，是快递自提点分布稀少的地点。

无人智能柜的核密度空间分布与快递自提点核密度空间分布特征类似。城市中心核密度等级高于城市边缘核密度等级，且城市中心分布有多个核密度高值点，这些核密度高值点的空间位置与末端网点核密度高值点空间位置重叠。有人快递站的核密度等级在全市范围内均较低。与智能柜的核密度空间分布特征不同，其核密度空间分布特征呈现内城和中心城区较低，近郊区较高的特征。例如，在内城和中心城区的西关、东山、杨箕等地点，有人快递站的核密度等级普遍为第二至第三等级。在近郊区的三元里、京溪等地点，有人快递站的核密度等级为第三至第四等级，黄埔区的黄村等地点有人快递站的核密度等级为第二至第五等级。

上述结果表明，快递自提点核密度在空间上存在城乡差异、社区差异、圈层结构和带状分布的特征。以无人智能柜为例，详细分析快递自提点的空间分异特征。

（1）核密度值的空间分异呈现城乡差异。

广州城市地域主要集中在主城区以及郊区的城市中心，无人智能柜的核密度分布表现出与城市地域分布相一致的空间布局，即城市化地区的核密度值偏高，非城市化地区的核密度值偏低。一方面，2019年末，广州城市建成区总面积扩大至1324平方千米，土地城镇化率达到18%。其中，主城区土地城镇化率在72%～100%之间，近郊区土地城镇化率在21%～43%之间，远郊区土地城镇化率在3%～18%之间。另一方面，2019年核密度高值区主要分布在广州市城市化地区。

广州市城市化地区核密度高值区（等级3～5）总面积（199.41平方千米）是非城市化地区核密度高值区总面积（37.20平方千米）的5.36倍，而且核密度等级越高，倍数相差越大，见表4－4。上述无人智能柜的核密度空间布局的城乡差异说明，城市化以及城市空间发展战略对无人智能柜的空间布局具有显著影响。

表4－4　　　按城乡结构划分的无人智能柜的核密度值数量统计　　　单位：%

核密度值等级划分	农村地区	城市地区	总计
第一等级	80.3	4.2	84.5
第二等级	6.7	5.6	12.3
第三等级	0.4	1.6	2.0

续表

核密度值等级划分	农村地区	城市地区	总计
第四等级	0.1	0.8	0.9
第五等级	0.0	0.3	0.3
总计	87.5	12.5	100.0

（2）核密度值的空间分异呈现社区差异。

一方面，无人智能柜在城市空间形成多个核密度高地。例如，在"西关""东山""河南，龙导尾""小北—淘金""杨箕—五羊邨""林和—龙口""猎德""员村""素社—新港""下渡""昌岗—五凤乡""赤岗路""三元里""京溪""小谷围"等区域智能柜的核密度等级最高（第五等级）。另外无人智能柜在郊区城市空间还存在多个孤立的核密度分布高地。另一方面，无人智能柜在城市空间也形成多个核密度分布洼地。例如，在"中山五路""沙面""二沙岛""珠江新城""康乐村""五山路""站南路""石榴岗路""仑头路""瑞宝路""花湾路"等区域的智能柜的核密度等级最低（第一等级）。

整体上，智能柜的核密度高地与洼地在城市空间上呈现"你中有我、我中有你"的格局。这种社区差异格局说明，城市建成环境以及居民个体特征对快递柜空间分布具有显著影响。

（3）核密度值的空间分异呈现距离衰减律。

一是智能柜的核密度从主城区向郊区减小，二是智能柜的核密度从城市中心向城市边缘递减，见图 4-1。

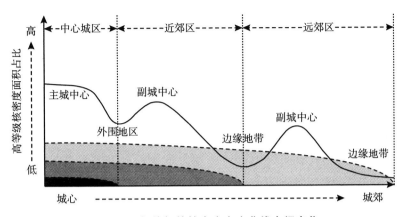

图 4-1　智能柜的核密度丰度曲线空间变化

一方面，核密度第五等级在内城的面积之和占内城核密度总面积的比重为 14.31%，该指标在中心城区、近郊区和远郊区的占比分别为 7.08%、0.25%、0.02%，见表 4-5。这表明，智能柜的最高等级核密度值从主城区向郊区依次减小。此外，第三、四等级核密度值也表现出从主城区向郊区依次减小的距离衰减规律。

表 4-5　　智能柜的核密度在广州城市空间分布的圈层结构特征　　　单位：%

城市地域结构	不同核密度等级的占比					总计
	第一等级	第二等级	第三等级	第四等级	第五等级	
内城	0.8	23.4	33.4	28.1	14.3	100.0
中心城区	16.7	40.1	19.8	16.4	7.1	100.0
近郊区	73.4	21.8	3.5	1.0	0.3	100.0
远郊区	91.1	8.0	0.7	0.2	0.0	100.0

另一方面，近郊区和远郊区的智能柜的核密度值在次级中心为第四等级，在次级中心的边缘为第二等级及以下。智能柜的核密度值呈

现从城市中心向城市边缘递减的规律。整体上，智能柜的核密度值空间分布呈现圈层差异，这种圈层差异格局说明，人口规模与基础设施对快递柜空间分布具有显著影响。

（4）核密度值的空间分异呈现廊道效应。

连接市区和外围地区的交通要道沿线，智能柜的核密度等级较高。在主城区与番禺区次中心、黄埔区次中心、花都区次中心、从化区次中心，智能柜的核密度高值点呈现出沿着交通要道布局的特征。在花都区、增城区以及从化区次级城市中心之间，也有类似的特征。而在交通要道之外的地区，智能柜的核密度值较低。这表明城市廊道对快递柜空间分布产生了显著效应。其中以番禺区和黄埔区的城市廊道效应最为显著。上述廊道效应差异说明，城市间空间相互作用对快递柜空间分布具有显著影响。

4.2.2　空间自相关结果显示集聚模式以高高聚集为主

4.2.2.1　全局莫兰指数显示快递自提点呈现聚集分布模式

快递自提点、无人智能柜和有人快递站的全局空间自相关莫兰指数结果见表 4-6。p 值小于 0.05，说明快递自提点是随机产生的概率只有 5%，该指数否定了快递自提点随机分布的假设。Z 得分为 155.041，大于 1.96，说明快递自提点的空间分布具有明显的聚集特征。快递自提点的全局莫兰指数为 0.637，大于 0，说明快递自提点的空间分布格局呈正相关，即高值区被周围的高值区包围，低值区被周围的低值区包围。换言之，高值区聚合在一起，低值区聚合在一起。这说明快递自提点在全局上表现出显著的空间集聚特征。

表 4 - 6　　　　　　　　　　　全局莫兰指数统计结果

包裹点	全局莫兰指数	P 值	Z 得分	解释	结论
快递自提点	0.637	<0.01	>1.96	（1）P<0.01，说明快递点是随机生成的概率只有 1%； （2）Z>1.96，说明快递点呈现了明显的聚类特征； （3）GMI>0，说明快递点具有空间正相关性	聚集分布
无人智能柜	0.574	<0.01	>1.96	（1）P<0.01，说明智能柜是随机生成的概率只有 1%； （2）Z>1.96，说明智能柜呈现了明显的聚类特征； （3）GMI>0，说明智能柜具有空间正相关性	聚集分布
有人快递站	0.501	<0.01	>1.96	（1）P<0.01，说明快递站是随机生成的概率只有 1%； （2）Z>1.96，说明快递站呈现了明显的聚类特征； （3）GMI>0，说明快递站具有空间正相关性	聚集分布

　　对于无人智能柜而言，p 值小于 0.05，Z 得分为 139.668，否定了无人智能柜随机分布的假设，并验证了快递柜聚集分布的特征。无人智能柜的全局莫兰指数为 0.574，大于 0。对于有人快递站而言，p 值小于 0.05，Z 得分为 121.872，否定了有人快递站随机分布的假设，并验证了快递站聚集分布的特征。有人快递站的全局莫兰指数为 0.501，大于 0。上述的 p 值、Z 得分以及莫兰指数结果见图 4 - 2，说明无人智能柜和有人快递站的空间分布呈现正相关，即高值区被周围的高值区包围，低值区被周围的低值区包围。

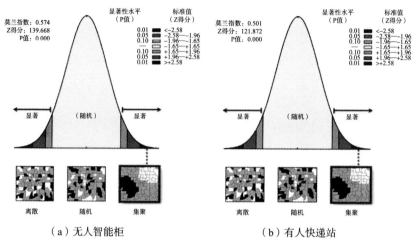

（a）无人智能柜　　　　　　（b）有人快递站

图 4 - 2　两种快递自提点的全局空间自相关莫兰指数结果

4.2.2.2　局部莫兰指数显示快递自提点呈现高高聚集类型

全局空间自相关从整体上表明广州市快递自提点呈现聚集分布特征，但是不能进一步揭示它们在空间上如何分布的，尤其是两种不同类型的快递自提点的空间集聚特征是否相互区别。局部莫兰指数显示，快递自提点在局部空间上呈现高高聚集（HH）、高低异常（HL）和低高异常（LH）三种空间集聚特征，其中高高聚集（HH）占据主导地位。

从广州市快递自提点空间分布上来看，高高聚集（HH）特征表明快递自提点在城市空间上集中在城市中心地区、围绕城市中心的周边地区以及郊区的城市中心地区。从这些空间的区位特征来看，这些地区都属于城市中心，人口密集、生活便利、设施完善是城市中心的基本特征。这些基本特征，是快递自提点选址与布局最基本的考量因素。对于快递自提点而言，在城市中心布局能够最大限度发挥布局位置的可进入性，进而提升快递自提点的使用性，最终达到提升末端配送效率和降低末端配送成本的目的。因此，快递自提点在人口密集的城市中心设置得比较多，快递自提点空间分布呈现出在城市中心高高聚集的特征。

无人智能柜、有人快递站的局部莫兰指数结果如下：

（1）无人智能柜的空间集聚特征呈现出：在城市中心地区和城市外围地区更加趋向城市集中的特征。一方面，占据主导地位的高高聚集（HH）空间集聚类型占据了内城、中心城区和郊区中心等所在的大部分区域；另一方面，在广阔的农村地区也发现了空间集聚类型不显著的情况，这充分说明无人智能柜在农村地区缺乏足够的服务网点。这种城乡空间的差异反映了广州市无人智能柜发展和空间分布的不均衡性。

（2）有人快递站的空间集聚特征呈现出：在城市中心地区更加趋向城乡均衡，在城市外围地区更加趋向城市集中的特征。一方面，有人快递站表现出与无人智能柜类似的空间集聚模式，即高高聚集占据主导地位，以及有人快递站发展和空间分布的城乡不均衡性。另一方面，与无人智能柜空间集聚不同的是，有人快递站在主城区（内城、中心城区和部分近郊区）空间上在更大范围空间内集聚，尤其是环绕广州市中心城区的外围地区（例如东部、北部和南部的近郊区），无人智能柜也呈现高高聚集特征，该特征说明快递站的空间分布不仅仅集聚在城市中心地区，而是更加趋向城乡均衡。

此外，还有不同的是，在远郊区空间上，有人快递站的空间集聚范围更小，体现其在远郊区更加集聚分布的特征。

4.3　空间异质性的影响因素

4.3.1　影响因素的变量选取依据

　　文献分析表明，发展特征因素、城市功能因素、建成环境因素和人口特征因素与快递自提点空间分布的关系具有较强的关联性。东莞、武汉等城市的案例研究发现，常住人口、工商企业个体数、居民用地、市辖区面积与快递自提点（菜鸟驿站、邮政速递）的空间分布呈正相关关系（李钢等，2019；周佼等，2019）。经济发展水平、人口密度与规模、土地利用类型、路网密度、基础服务设施等具有代表性的指标对快递自提点布局的作用机制见图4－3。

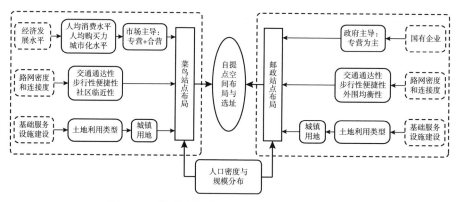

图4－3　快递自提点空间布局的综合影响机制

资料来源：刘玲等（2019）。

（1）区域经济发展水平与快递自提点呈正相关关系，即区域经济发展水平越高，快递自提点的分布越多（刘玲等，2019；Xue S et al.，2019；Mehmood M S et al.，2020）。这可能是因为经济发展水平高的地区，生产和生活物流需求就旺盛，吸引快递自提点向此类地区集聚。

（2）人口分布与快递自提点存在明显的趋同关联，尤其是人口密度和规模是快递自提点布局的重要影响因素（Morganti E，Dablanc L and Fortin F，2014）。这是因为人口集聚的地区，网络购物的潜在需求旺盛，尤其是对青年人口而言。

（3）城镇用地类型与快递自提点空间分布具有极强的空间趋同性（刘玲等，2019；Mehmood M S et al.，2020），其中居住用地的快递自提点分布最多、教育用地和商业用地的快递自提点也较多，其他用地的快递自提点较少（Xue S et al.，2019）。

（4）路网密度与快递自提点数量呈现显著正相关，研究发现道路密度越高快递自提点的布局越多（刘玲等，2019；Xue S et al.，2019；Mehmood M S et al.，2020）。这可能是道路密度高有助于扩大自提点的服务范围，缩短顾客取件的路程和减少取件的时间成本，提高了顾客取件的积极性和满意度（陈义友、韩珣和曾倩，2016）。

此外，还有研究认为快递自提点使用深受居民特征（社会属性、居住、就业、出行等行为特征）及行为偏好的影响（谭如诗等，2016），快递自提点选址需要考虑居民自提行为（陈义友、张锦和罗建强，2017）。

本研究基于以往研究，根据指标的代表性和数据可获取性原则，选取人口总量（X11_TP）、城市化率（X12_UR）、生活设施（X21_LPOI）、工作设施（X22_WPOI）、公共设施（X23_PPOI）、道路密度（X31_RD）、建筑密度（X32_BD）、建筑楼高（X33_BF）、人口老龄化（X41_PA）、工作人口（X42_WP）、受教育人口（X43_HEP）和居住条件（X44_HC）共计12项指标作为衡量以无人智能柜为代表的广州市快递自提点空间分布的影响因素。在经过模型选择之后，剔除受教育人口变量。

4.3.2　影响因素的 GWR 模型构建

在广州市社区尺度上，无人智能柜的数量具有空间自相关效应，残差不再相互独立。因此，空间溢出效应的影响不容忽视。另外，解析影响因素的空间溢出效应有助于确定更合适的模型，从而分析影响因素的地理变化。

利用 GeoDa 软件包获得普通最小二乘模型（OLS）、空间误差模型（SEM）和空间滞后模型（SLM），见表4－7。与 SLM 相比，SEM 中的 R^2 和 AIC 的统计值更高，说明使用 SEM 来探索无人智能柜空间分布的关键影响因素是合适的。根据 SEM 模型结果，TP（X11）、PPOI（X23）和 BF（X33）在1%显著性水平下均为正相关；HC（X44）在5%显著性水平下为正相关；而 UR（X12）在10%显著性水平为正相关。LPOI（X21）、RD（X31）、PA（X41）和 WP（X42）在1%显著性水平下为负相关；BD（X32）在5%显著性水平下为负相关；WPOI（X22）在10%显著性水平下为负相关。HEP（X43）在5%甚至更高显著性水平下不显著。

表 4 – 7　　　　　OLS 模型、SEM 和 SLM 的空间溢出效应结果

变量	普通最小二乘模型（OLS）		空间误差模型（SEM）		空间滞后模型（SLM）	
	系数	标准差	系数	标准差	系数	标准差
常数项	0.033 **	0.013	0.038 ***	0.014	0.030 **	0.013
X11_TP	0.079 ***	0.014	0.061 ***	0.014	0.066 ***	0.014
X12_UR	0.005	0.004	0.009 *	0.005	0.001	0.004
X21_LPOI	– 0.104 ***	0.020	– 0.091 ***	0.020	– 0.104 ***	0.019
X22_WPOI	– 0.046 ***	0.016	– 0.028 *	0.016	– 0.043 ***	0.015
X23_PPOI	0.454 ***	0.018	0.440 ***	0.018	0.442 ***	0.018
X31_RD	– 0.039 ***	0.010	– 0.032 ***	0.010	– 0.034 ***	0.010
X32_BD	– 0.011 **	0.006	– 0.015 **	0.006	– 0.010 *	0.005
X33_BF	0.090 ***	0.009	0.082 ***	0.009	0.078 ***	0.009
X41_PA	– 0.092 ***	0.025	– 0.099 ***	0.027	– 0.064 **	0.025
X42_WP	– 0.044 ***	0.017	– 0.049 ***	0.017	– 0.046 ***	0.016
X43_HEP	– 0.019 *	0.010	– 0.014	0.010	– 0.021 **	0.010
X44_HC	0.014 ***	0.005	0.012 **	0.005	0.011 **	0.005
R^2	0.470		0.500		0.489	
AIC	– 8798.26		– 8912.57		– 8879.70	

注：*** 为 1% 水平上显著；** 为 5% 水平上显著；* 为 10% 水平上显著。

　　对 11 个显著因素做冷热点分析，发现它们自身在不同的地域空间呈现不同的集聚模式。总体而言，11 个显著因素可以划分为两种类型，第一种类型是在内城和中心城区的规模较大而在近郊区和远郊区的规模较小，即中心高、外围低模式，第二种类型与此相反，即中心低、外围高模式。

（1）指标在中心高、外围低。城市化率（X12_UR）、道路密度（X31_RD）、建筑密度（X32_BD）、建筑楼高（X33_BF）和人口老龄化（X41_PA）在内城和中心城区呈现出热点集聚的状态，在近郊区和远郊区呈现出冷点集聚的状态，这说明反映建成环境因素的指标和人口特征因素的人口老龄化指标在内城和中心城区更加集聚。这意味着相比于近郊区和远郊区，内城和中心城区的城市化率更高、老龄人口更多、道路密度更大、建筑楼高更高。

（2）指标在中心低、外围高。人口总量（X11_TP）、生活设施（X21_LPOI）、工作设施（X22_WPOI）、公共设施（X23_PPOI）和工作人口（X42_WP）在以老城区为主的内城呈现出冷点集聚的状态，而在中心城区和近郊区呈现出热点集聚的状态。另外，居住条件（X44_HC）在内城和中心城区呈现冷点集聚，在近郊区和远郊区呈现热点集聚。这说明，反映发展特征因素的人口总量指标和反映城市功能分区因素的设施POI指标以及反映人口特征因素的工作人口指标在老城区的数量明显少于中心城区和近郊区。这意味着相比于内城，中心城区和近郊区的人口总量更大、工作人口数量更多以及城市功能设施更丰富。

综上所述，快递自提点影响因素的冷热点在广州市地域的空间分布呈现出不同特征，发展特征因素和人口特征因素的指标的冷热点在地域空间相对多元化，城市功能因素和建成环境因素的指标的冷热点在地域空间相对均一化。这些指标的多样化分布和综合作用可能造成它们对广州市快递自提点空间分布影响产生地域差异。分布汇总分析见表4-8。

表4-8　　　　　广州市快递自提点影响因素的指标冷热点分布汇总

	指标	内城	中心城区	近郊区	远郊区
发展特征因素	人口总量（X11_TP）	冷点	热点	热点	冷点
	城市化率（X12_UR）	热点	热点	冷点	冷点
城市功能因素	生活设施（X21_LPOI）	冷点	热点	热点	冷点
	工作设施（X22_WPOI）	冷点	热点	热点	冷点
	公共设施（X23_PPOI）	冷点	热点	热点	冷点
建成环境因素	道路密度（X31_RD）	热点	热点	冷点	冷点
	建筑密度（X32_BD）	热点	热点	冷点	冷点
	建筑楼高（X33_BF）	热点	热点	冷点	冷点
人口特征因素	人口老龄化（X41_PA）	热点	热点	冷点	冷点
	工作人口（X42_WP）	冷点	热点	热点	冷点
	居住条件（X44_HC）	冷点	冷点	热点	热点

利用 GWR 模型对 11 个显著因素（X43 除外）的影响效应（程度和范围）做空间差异解释。将这些因素按 AIC 最小准则插入 GWR 模型中，得到解释因素的空间变化。

（1）对于无人智能柜而言，GWR 结果显示，11 个因素对模型的方差解释最高达到99.7%，差异在0.270到0.997之间变动。解释因素的差异表明，一方面，解释变量对无人智能柜空间分布的影响，影响力有强有弱。另一方面，解释变量的影响差异在地理空间上是变化的。结果表明，local R^2 值超过70.5%的社区占比达到58.19%。模型的预测能力表现出中心低、外围高的核心边缘结构。在广州市内城、中心城区以及城郊部分地区的 local R^2 值较低，这表明在这些local R^2 值较低的地区，模型的拟合效果较弱。而在广州市北部、东南部以及南部地区的 local R^2 值较高，表明在这些 local R^2 值较高的地区，模型的拟合效果较强。

（2）对于有人快递站而言，GWR 结果显示，11 个因素对模型的方差解释最高达到 100%，差异在 0.410 到 1.000 之间变动。这表明解释因素有强有弱，解释力度存在地理差异。local R^2 值超过 74.5% 的社区占比达到 28.14%。模型的预测能力表现出中心低、外围高的核心边缘结构。在广州市内城、中心城区以及远郊部分地区的 local R^2 值较低，这模型在这些地区的拟合效果较弱。而在广州市北部、东部地区的 local R^2 值较高，模型在这些地区的拟合效果较强。

上述结果表明，无人智能柜和有人快递站的方差解释的地理差异具有相似性，模型的预测能力均表现出中心低、外围高的核心边缘结构。模型的拟合效果在内城、中心城区的拟合效果较弱，而在近郊和远郊区的拟合效果较强。

4.3.3 影响因素的空间差异性分析

（1）人口总量（TP）因素对快递自提点空间分布的解释。

对于无人智能柜而言，人口总量（TP）对广州市 28.23% 的社区有显著（正向或负向）影响。在这些有显著影响的社区中，44.88% 的社区显示人口总量与无人智能柜的数量呈现正向相关性，即人口总量越多无人智能柜的数量越多，反之越少。这些社区主要分布在人口总量较多的城市中心的边缘地带，例如番禺区北部。但是，55.12% 的社区显示人口总量与无人智能柜的数量呈现负向相关性，即人口总量越少无人智能柜的数量越少。这些社区主要分布在人口总量较少的郊区，例如黄埔区、番禺区和白云区。

对于有人快递站而言，人口总量（TP）对广州市 58.99% 的社区有显著正向影响。在这些有显著影响的社区中，100% 的社区显示人口总量与无人智能柜的数量呈现正向相关性，即人口总量越多无人智能柜的数量越多，反之越少。这些社区主要分布在人口总量较多的内城、中心城区以及近郊区等地带。

（2）城市化率（UR）因素对快递自提点空间分布的解释。

对于无人智能柜而言，城市化率（UR）对广州市 33.39% 的社区有显著（正向或负向）影响。在这些有显著影响的社区中，21.78% 的社区显示城市化率与无人智能柜的数量呈现正向相关性，即城市化水平越高无人智能柜的数量越多，反之越少。这些社区主要分布在城市化率较低的核心区域边缘，例如番禺区和黄埔区。但是，78.22% 的社区显示城市化率与无人智能柜的数量呈现负向相关性，即城市化水平越高无人智能柜的数量越少。这些社区主要分布在城镇化率较高的核心区，例如越秀区。

对于有人快递站而言，城市化率（UR）对广州市 40.38% 的社区有显著负向影响。在这些有显著影响的社区中，96.03% 的社区显示城市化率与无人智能柜的数量呈现负向相关性，即城市化水平越高无人智能柜的数量越少。这些社区主要分布在城镇化率较高的核心区，例如荔湾区、越秀区、天河区以及白云区北部等。有 3.97% 的社区显示城市化率与无人智能柜的数量呈现正向相关性，即城市化水平越高无人智能柜的数量越多，反之越少。这些社区主要分布在城市化率较低的核心区域边缘，例如白云区东部、花都区北部。

（3）生活设施 POI（LPOI）对快递自提点空间分布的解释。

对于无人智能柜而言，生活设施 POI（LPOI）对广州市 49.41% 的社区有显著正向影响。在这些有显著影响的社区中，93.04% 的社区显示生活设施与无人智能柜的数量呈现正向相关性，这些社区分布在内城、中心城区和近郊区，例如越秀区、荔湾区、海珠区、番禺区和白云区。有 6.96% 的社区显示生活设施 POI 与无人智能柜的数量呈现负向相关性，即生活设施 POI 越多无人智能柜的数量越少。这些社区主要分布在生活设施 POI 较少的远郊区，例如花都区和番禺区。

对于有人快递站而言，生活设施 POI（LPOI）对广州市 71.07% 的社区有显著正向影响。在这些有显著影响的社区中，99.28% 的社区显示生活设施与无人智能柜的数量呈现负向相关性，这些社区分布在内城、中心城区和近郊区。0.72% 的社区显示生活设施 POI 与无人智能柜的数量呈现正向相关性，这些社区主要分布花都区北部。

（4）工作设施 POI（WPOI）对快递自提点空间分布的解释。

对于无人智能柜而言，工作设施 POI（LPOI）对广州市 25.29% 的社区有显著（正向或负向）影响。在这些有显著影响的社区中，61.82% 的社区显示工作设施 POI 与无人智能柜的数量呈现正向相关性，即工作设施 POI 越多无人智能柜的数量越多，反之越少。这些社区主要分布在工作设施 POI 较少的近郊和远郊地区，例如黄埔区、增城区、花都区和从化区。38.18% 的社区显示工作设施 POI 与无人智能柜的数量呈现负向相关性，即工作设施 POI 越多无人智能柜的数量越少。这些社区主要分布在工作设施 POI 较多的中心城区和近郊区，例如海珠区、白云区和番禺区。

对于有人快递站而言，工作设施 POI（WPOI）对广州市 49.10% 的社区有显著正向影响。在这些有显著影响的社区中，100.00% 的社区显示工作设施 POI 与无人智能柜的数量呈现正向相关性，即工作设施 POI 越多无人智能柜的数量越多，反之亦然。这些社区主要分布在工作设施 POI 较少的近郊区和远郊区，例如花都区和黄埔区。

（5）公共设施 POI（PPOI）对快递自提点空间分布的解释。

对于无人智能柜而言，公共设施 POI（PPOI）对广州市 42.26%的社区有显著正向影响。在这些有显著影响的社区中，99.72%的社区显示公共设施 POI 与无人智能柜的数量呈现正向相关性，即公共设施 POI 越多无人智能柜的数量越多，反之越少。这些社区主要分布在公共设施 POI 较多的中心城区、近郊区和远郊区。0.28%的社区显示公共设施 POI 与无人智能柜的数量呈现负向相关性，即公共设施 POI 越多无人智能柜的数量越少。这些社区主要分布在城镇化率较高的远郊区。

对于有人快递站而言，公共设施 POI（PPOI）对广州市 37.49%的社区有显著正向影响。在这些有显著影响的社区中，90.09%的社区显示公共设施 POI 与无人智能柜的数量呈现正向相关性，即公共设施 POI 越多无人智能柜的数量越多。这些社区主要分布在近郊区和远郊区，例如番禺区、黄埔区、花都区和南沙区。9.91%的社区显示公共设施 POI 与无人智能柜的数量呈现正向相关性，即公共设施 POI 越多无人智能柜的数量越少。这些社区主要分布在城市中心的边缘地带，例如天河区北部。

（6）道路密度（RD）对快递自提点空间分布的解释。

对于无人智能柜而言，道路密度（RD）对广州市 42.49%的社区有显著负向影响。在这些有显著影响的社区中，97.42%的社区显示道路密度与无人智能柜的数量呈现负向相关性，即道路越密集无人智能柜的数量越少。这些社区主要分布在道路密度较大的内城、中心城区、近郊区和远郊区。2.58%的社区显示道路密度与无人智能柜的数量呈现正向相关性，即道路密度越低无人智能柜的数量越多。

对于有人快递站而言，道路密度对广州市 27.17%的社区有显著负向影响。在这些有显著影响的社区中，98.13%的社区显示道路密度与无人智能柜的数量呈现负向相关性，即道路密度越大无人智能柜的数量越少。这些社区主要分布在道路密度较大的中心城区和近郊区，例如天河区、白云区和番禺区。1.87%的社区显示道路密度与无人智能柜的数量呈现正向相关性，这些社区主要分布在远郊区，例如花都区和南沙区。

（7）建筑密度（BD）对快递自提点空间分布的地理变化的解释。

对于无人智能柜而言，建筑密度（BD）对广州市50.12%的社区有显著（正向或负向）影响。在这些有显著影响的社区中，27.30%的社区显示建筑密度与无人智能柜的数量呈现正向相关性，即建筑密度越大无人智能柜的数量越多，反之越少。这些社区主要分布在建筑密度较大的内城和中心城区，例如越秀区、荔湾区、海珠区和天河区。72.70%的社区显示建筑密度与无人智能柜的数量呈现负向相关性，即建筑密度越大无人智能柜的数量越少。这些社区主要分布在建筑密度较低的近郊和远郊地区，例如黄埔、番禺、南沙和花都区。

对于有人快递站而言，建筑密度（BD）对广州市47.81%的社区有显著负向影响。在这些有显著影响的社区中，12.43%的社区显示建筑密度与无人智能柜的数量呈现正向相关性，即建筑密度越大无人智能柜的数量越多，反之越少。这些社区主要分布在近郊区，例如黄埔区和番禺区。87.57%的社区显示建筑密度与无人智能柜的数量呈现负向相关性，即建筑密度越大无人智能柜的数量越少。这些社区主要分布在内城、中心城区和近郊，例如越秀、荔湾和海珠区等。

（8）建筑楼高（BF）对快递自提点空间分布的解释。

对于无人智能柜而言，建筑楼高（BF）对广州市31.67%的社区有显著正向影响。在这些有显著影响的社区中，90.12%的社区显示建筑楼高与无人智能柜的数量呈现正向相关性，即建筑楼高越高无人智能柜的数量越多，反之越少。这些社区主要分布在建筑楼高较高的中心城区，例如越秀区、海珠区和天河区。有 9.88% 的社区显示建筑楼高与无人智能柜的数量呈现负向相关性，这些社区主要分布在建筑楼高较低的近郊区，例如白云区、番禺区和黄埔区。

对于有人快递站而言，建筑楼高（BF）对广州市 53.60% 的社区有显著负向影响。在这些有显著影响的社区中，98.40% 的社区显示建筑楼高与无人智能柜的数量呈现负向相关性，即建筑楼高越高无人智能柜的数量越少，反之亦然。这些社区主要分布在建筑楼高较高的核心区，例如荔湾区、越秀区、天河区、番禺区等。1.60% 的社区显示建筑楼高与无人智能柜的数量呈现正向相关性，即建筑楼高越低无人智能柜的数量越少，这些社区主要分布在建筑楼高较低的远郊区，例如黄埔区东部和花都区北部。

（9）人口老龄化（PA）对快递自提点空间分布的解释。

对于无人智能柜而言，人口老龄化（PA）对广州市 49.61% 的社区有显著正向影响。在这些有显著影响的社区中，98.42% 的社区显示人口老龄化与无人智能柜的数量呈现正向相关性，它们分布在广州市大部分地区，有 1.58% 的社区显示人口老龄化与无人智能柜的数量呈现负向相关性，这些社区主要分布在近郊区和远郊区。

对于有人快递站而言，人口老龄化（PA）对广州市 38.31% 的社区有显著（正向或负向）影响。在这些有显著影响的社区中，89.59% 的社区显示人口老龄化与无人智能柜的数量呈现负向相关性，即人口老龄化越高无人智能柜的数量越少。这些社区主要分布在人口老龄化较高的核心区，例如荔湾区、越秀区、海珠区和天河区。10.41% 的社区显示人口老龄化与无人智能柜的数量呈现正向相关性，即人口老龄化越低无人智能柜的数量越少。这些社区主要分布在人口老龄化较低的远郊区，例如白云区、黄埔区和花都区。

（10）工作人口（WP）对快递自提点空间分布的解释。

对于无人智能柜而言，工作人口（WP）对广州市 33.58% 的社区有显著（正向或负向）影响。在这些有显著影响的社区中，81.02% 的社区显示工作人口与无人智能柜的数量呈现正向相关性，这些社区主要分布在城市中心，例如越秀区、荔湾区、海珠区等。有 18.98% 的社区显示工作人口与无人智能柜的数量呈现负向相关性，这些社区主要分布在城市中心的边缘地带，例如番禺区和白云区等。

对于有人快递站而言，工作人口（WP）对广州市 20.37% 的社区有显著（正向或负向）影响。在这些有显著影响的社区中，11.52% 的社区显示工作人口与无人智能柜的数量呈现正向相关性，即工作人口越多无人智能柜的数量越多。这些社区主要分布近郊区的黄埔区。88.48% 的社区显示工作人口与无人智能柜的数量呈现负向相关性，即工作人口越多无人智能柜的数量越少，这些社区主要分布在中心城区的海珠区和近郊区的番禺区。

（11）居住条件（HC）对快递自提点空间分布的解释。

对于无人智能柜而言，居住条件（HC）对广州市 39.60% 的社区有显著正向影响。在这些有显著影响的社区中，99.21% 的社区显示居住条件与无人智能柜的数量呈现正向相关性，这些社区主要分布在居住面积较小的内城和中心城区，例如荔湾区、越秀区和天河区。有 0.79% 的社区显示居住条件与无人智能柜的数量呈现负向相关性。

对于有人快递站而言，居住条件（HC）对广州市 13.10% 的社区有显著（正向或负向）影响。在这些有显著影响的社区中，29.25% 的社区显示居住条件与无人智能柜的数量呈现正向相关性，即居住面积越大无人智能柜的数量越多。这些社区主要分布在居住面积较大的天河区东部以及荔湾区西部。70.75%的社区显示居住条件与无人智能柜的数量呈现负向相关性，即居住面积越大无人智能柜的数量越少，这些社区主要分布在居住面积较大的番禺区北部以及白云区至花都区的连绵区。

综上所述，影响因素在解释两种快递自提点空间分布异质性的作用效应、范围和力度的地域差异表现在：第一，人口总量因素、城市化因素、工作设施因素、建筑密度因素、工作人口因素对无人智能柜空间分布的影响表现为正向效应和负向效应；生活设施因素、公共设施因素、建筑楼高因素、人口老龄化因素、居住面积因素的影响表现为正向效应；道路密度因素表现为负向效应。第二，人口老龄化因素、工作人口因素、居住面积因素对有人快递站空间分布的影响表现为正向效应和负向效应；人口总量因素、生活设施因素、工作设施因素、公共设施因素表现为正向效应；城市化因素、道路密度因素、建筑密度因素、建筑楼高因素表现为负向效应，见表 4 – 9。

表 4 – 9　　两种快递自提点解释因素的作用效应、范围和力度比较

影响因素		无人智能柜	有人快递站
社会发展	人口总量（X11）	影响效应为正向和负向，影响范围较集中，影响力度较大	影响效应为正向，影响范围广泛、集中；影响力度较大
	城市化率（X12）	影响效应为正向和负向，影响范围较集中，影响力度大	影响效应为负向，影响范围较集中，影响力度小
城市功能	生活设施（X21）	影响效应为正向，影响范围集中连片，影响力度较大	影响效应为正向，影响范围集中连片，影响力度较大
	工作设施（X22）	影响效应为正向和负向，影响范围较分散，影响力度大	影响效应为正向，影响范围集中连片，影响力度小

影响因素		无人智能柜	有人快递站
城市功能	公共设施 （X23）	影响效应为正向，影响范围集中连片，影响力度较大	影响效应为正向，影响范围较集中，影响力度较大
建成环境	道路密度 （X31）	影响效应为负向，影响范围较分散，影响力度较大	影响效应为负向，影响范围集中成片，影响力度小
	建筑密度 （X32）	影响效应为正向和负向，影响范围较集中，影响力度较大	影响效应以负向为主，影响范围集中，影响力度较小
	建筑楼高 （X33）	影响效应为正向，影响范围较集中，影响力度较大	影响效应为负向，影响范围集中成片，影响力度小
人口特征	人口老龄化 （X41）	影响效应为正向，影响范围集中成片，影响力度较大	影响效应为负向和正向，影响范围较集中，影响力度小
	工作人口 （X42）	影响效应为正向和负向，影响范围大、较集中，影响力度小	影响效应为负向和正向，影响范围小且集中，影响力度小
	居住条件 （X44）	影响效应为正向，影响范围较大、集中，影响力度较大	影响效应为负向和正向，影响范围较大、集中，影响力度小

4.4 本 章 小 结

本章通过对广州市快递自提点的实际位置进行核密度估计、全局和局部空间自相关分析以及地理加权回归三种空间分析技术的应用，分别评估了广州市快递自提点的空间分布特征及其影响因素的地域差异，研究表明：

4.4.1 空间分布呈现集聚与分异并存的特征

（1）广州市快递自提点的总量较大，但是网点数量在各区县之间的差异显著，总体上呈现出核心区的网点数量较多、地区差异小，边缘区的网点数量较少、地区差异较大的特征。核密度估计结果进一步显示，广州市快递自提点的空间分布呈现城乡差异、社区差异、圈层结构和带状分布特征。

（2）空间自相关分析表明，广州市快递自提点在全局空间上为聚集分布模式，在局部空间上为高高聚集模式，即网点数量较多的方形格网的周围被同样是网点较多的方形格网包围。该结果进一步验证了广州市快递自提点分布理论模型的多样化形式，以及理论模型在指导广州市快递自提点布局优化中的实用价值。

4.4.2　空间分布影响因素作用效应的空间差异

广州市快递自提点空间分布影响因素的作用效应、作用范围和作用力度表现出地域差异。简言之，同一种影响因素在不同地区的作用效应不同，有些地区为正向有些地区为负向，不同种影响因素在同一地区的作用效应不同，有些因素为正向有些因素为负向。该结果启示，要研究影响因素对快递自提点空间分布的地域差异，以便识别中心地理论模型指导广州市快递自提点布局的适用性，回答哪个区域该采用哪种中心地理论模型比较合适。

根据影响因素相关指标的冷热点地域分布，结合影响因素的作用效应和作用范围的计算结果，总结广州市快递自提点空间分布影响因素作用效应的一般模式见图 4-4。

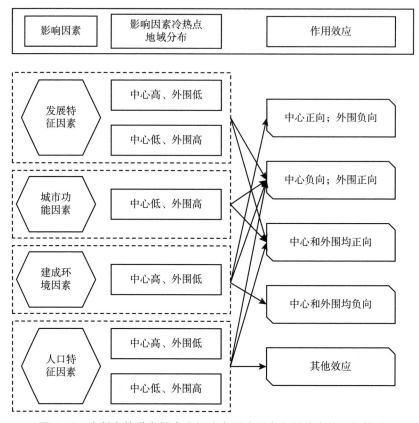

图4-4　广州市快递自提点空间分布影响因素作用效应的一般模式

（1）发展特征因素的指标在地域空间上，呈现中心高、外围低和中心低、外围高的聚集模式，该因素对广州市快递自提点空间分布的作用效应表现出两种结果，第一种结果为发展特征因素对城市中心地区的作用效应为负向，而对外围地区的作用效应为正向。第二种结果为发展特征因素对城市中心地区和外围地区的作用效应均为正向。另外，城市功能因素的指标在地域空间上呈现出中心低外围高的聚集模式，该因素的作用效应也表现出上述两种结果。

（2）建成环境因素的指标在地域空间上，呈现中心高、外围低的特征，该因素对广州市快递自提点空间分布的作用效应表现出三种结果。第一种结果为建成环境因素对城市中心地区的作用效应为正向，对外围地区的作用效应为负向。第二种结果为对城市中心地区的作用效应为负向，对外围地区的作用效应为正向。第三种结果为建成环境因素对城市中心和外围地区的作用响应均为负向。

（3）人口特征因素的指标在地域空间上，呈现两种聚集特征，该因素对广州市快递自提点的作用效应表现出三种结果。第一种为人口特征因素在城市中心地区产生负向作用，在外围地区产生正向作用。第二种为人口特征因素在城市中心和外围地区均产生正向作用效应。此外，还有第三种其他效应模式。

综合上述的一般模式，发现广州市快递自提点空间分布是在多个因素共同作用下产生的多元化作用结果，单一因素对快递自提点空间分布的作用效应有限。

第 5 章　广州市快递自提点的微观位置类型及形成机制

前文分析表明智能柜和快递站在空间上呈现聚集特征，为了阐明快递自提点在城市空间的微区位特征，本章根据核密度计算结果，解析无人智能柜此种类型的快递自提点的微区位特征。相比于有人快递站，无人智能柜的数据信息相对丰富和准确，数据量占比大，而且可以从属性表中的名称和地址等信息结合卫星影像分辨出具体的微观位置。

5.1　快递自提点的微区位类型识别

首先，通过 ArcGIS 空间叠加功能将矢量数据和遥感数据进行空间叠加。将包括有名称、地址两类信息的 POI 矢量数据与广州市高清遥感影像数据进行坐标转换，保证两个数据层的坐标系相同，在空间叠加的基础上，提取矢量数据的名称和地址信息。其次，将矢量数据的属性表信息归纳为若干个含有特定位置的关键词，例如大门出入口、架空层、大堂等，将位置关键词与遥感影像进行对比，确认位置关键词属于城市中的哪一类功能区（住宅区、城中村、写字楼、工厂等）。最后，采用 EXCEL 的数据透视表功能对位置信息进行整合，总结网点的微区位类型（见图 5 – 1）。

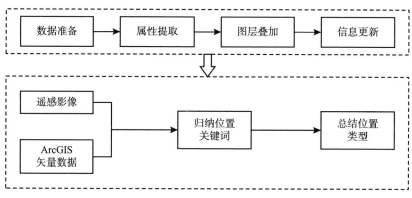

图 5 – 1　广州市快递自提点微区位类型的识别流程

通过整理无人智能柜的位置数据，本研究共识别出 8 种无人智能柜的宏观区位，24 种微观位置类型。

（1）从快递自提点的宏观区位来看，住宅空间、办公空间是智能柜布局的主要功能空间，其中商品房小区，学校、机关等单位，写字楼是主要宏观区位。

从智能柜的功能空间来看，住宅空间的智能柜的数量最多，其次为办公空间，二者的智能柜数量占比分别超过 75% 和 19%，其他功能空间的智能柜数量及占比较少。住宅空间中，商品房小区的智能柜数量占比达到 91%；办公空间中，学校、机关等单位的智能柜数量占比超过 53%，写字楼的占比超过 45%；其他空间中，酒店/公寓/宿舍的智能柜的数量占比达到 84%，见表 5 – 1。

表 5 - 1　　　　　　　　智能柜布局的宏观区位数量及占比分析

功能空间	住宅空间			办公空间			其他空间	
	商品房小区	大院	城中村社区	写字楼	教育功能区	公司企业	酒店/公寓/宿舍	商场/商业/商铺
总数（个）	2618	214	53	332	392	13	168	33
总数占比（%）	68.5	5.6	1.4	8.7	10.3	0.3	4.4	0.9
分类占比（%）	90.7	7.4	1.8	45.0	53.2	1.8	83.6	16.4

（2）从智能柜的微观位置类型来看，大门出入口位置的智能柜数量最多，其数量占比超过 34%，其次为架空层/天井、大堂/首层两处位置，它们的数量占比在 10% ~ 15% 之间，此外，围墙/宣传栏旁边、道路/通道旁边、物管中心/监控室、门岗/保安亭、停车场出入口等位置的智能柜数量也较多，它们的数量占比在 3% ~ 8% 之间。除此之外，其他大多数位置的智能柜的数量相对较少，它们的数量占比均在 3% 以下，见表 5 - 2。

表 5 - 2　　　　　　　　智能柜的微区位位置的类型及数量

位置类型	计数（个）	数量占比（%）
大门出入口	1301	34.0
架空层/天井	552	14.4
大堂/首层	467	12.2
围墙/宣传栏旁边	281	7.4
道路/通道旁边	277	7.2
物管中心/监控室	175	4.6
门岗/保安/值班/警务/收发室	139	3.6
停车场出入口	113	3.0

续表

位置类型	计数（个）	数量占比（%）
天桥底下	85	2.2
广场/空地/休闲区	72	1.9
楼梯/电梯口	69	1.8
单车棚	48	1.3
信报箱旁边	45	1.2
大学饭堂旁边	41	1.1
活动室/健身房/棋牌室	33	0.9
配电房旁边	29	0.8
花坛/绿化带	24	0.6
篮球/羽毛球/游泳场旁边	22	0.6
便利店旁边	12	0.3
大学快递服务中心	10	0.3
宿舍旁边	9	0.2
负一层	8	0.2
幼儿园旁边	7	0.2
环卫屋/回收点旁边	4	0.1
总数	3823	100.0

　　总体而言，商品房小区、教育功能区和写字楼的大门出入口、架空层/天井、大堂/首层三类位置的智能柜数量占比达到 54%（2050个）。上述结果表明，第一，商品房小区、教育功能区和写字楼是无人智能柜布局的主要宏观区位；第二，大门出入口、架空层/天井、大堂/首层三类位置是智能柜布局的主要微区位。其位置的主要特征是距离顾客的最终距离短、开敞空间便于安置智能柜，这为顾客存取快递提供便利。大门出入口一般为进出某类空间（例如，门禁小区、机关大院、批发市场等）的主要通道，人流密度较大，是便利顾客收

取快递的最佳区位之一，但是有可能它距离顾客终端位置的路程较远。架空层/天井、大堂/首层坐拥接近顾客终端的位置优势，也可能拥有足够的开敞空间，但是有可能缺乏被允许安置的权限。因此，在可达性以及空间不足的地区，其他的折中位置成为智能柜布局的最佳选择。不同微区位位置的优势与劣势见表5－3。

表 5－3 不同微区位位置的优势与劣势比较

微区位位置	优势	劣势
大门出入口	扼守人行通道；空间大	远离顾客终端的位置
架空层/天井、大堂/首层	接近顾客终端的位置优势开敞空间便于安置智能柜	缺乏安置权限
其他折中位置	方便安置末端网点	风吹日晒；远离人行通道；距离顾客终端位置较远

本研究进一步统计分析广州市的无人智能柜集中的重点地区的微区位类型。结果证实了智能柜主要布局在商品房小区、教育功能区、写字楼等宏观区位以及大门出入口、架空层、大堂等微观位置的结果。但是，智能柜在这些重点地区的微观位置也存在一些差异。可以将这些位置差异归纳为如下几种类型：第一，布局在商品房小区的位置类型；第二，布局在商务区的位置类型；第三，布局在教育功能区的位置类型。

5.1.1 布局在商品房小区的位置类型

大门出入口、架空层/天井和多元化的位置是商品房小区的智能柜布局的主要微区位布局位置。

（1）大门出入口的位置。

大门出入口的位置类型主要位于广州市的荔湾西关片区、荔湾芳村片区、海珠西部片区、海珠东部片区、天河京溪片区。

荔湾西关片区内，智能柜主要有 17 种微区位布局位置，大门出入口是其智能柜布局的主要微观位置，见表 5 - 4。

一方面，商品房小区的智能柜的数量在总数的占比达到 77%，写字楼以及其他功能区的占比介于 1% ~ 9%。商品房小区的智能柜的数量在住宅空间的占比达到 94%，写字楼的智能柜的数量在办公空间的占比达到 54%。另一方面，大门出入口、大堂/首层、架空层/天井三处位置的智能柜的数量在总数的占比分别为 32%、20% 和 16%，在商品房小区的占比较大（分别为 29%、24% 和 19%），不仅如此，大门出入口在大院、写字楼、教育功能区、酒店/公寓/宿舍、商场/商业/商铺的占比也较大，但是大堂/首层、架空层/天井以及其他位置在写字楼等功能空间的占比差异较大。

表 5 - 4　　　　　　荔湾西关片区的智能柜区位类型统计

位置类型	功能空间							
	住宅空间			办公空间			其他空间	
	商品房小区	大院	城中村社区	写字楼	教育功能区	公司企业	酒店/公寓/宿舍	商场/商业/商铺
总数占比（%）	77	3	2	9	3	—	2	4
组内占比（%）	94	4	2	73	27	—	27	73
大门出入口（个）	54	5	—	13	2	—	2	3
大堂/首层（个）	45	1	—	1	1	—	2	—
架空层/天井（个）	36	—	—	2	—	—	—	—

续表

位置类型	功能空间							
	住宅空间			办公空间			其他空间	
	商品房小区	大院	城中村社区	写字楼	教育功能区	公司企业	酒店/公寓/宿舍	商场/商业/商铺
道路/通道旁边（个）	12	—	4	1	1	—		3
围墙/宣传栏旁边（个）	8	1	—	2	1	—		1
门岗/保安亭/值班室/警务室/收发室（个）	9	—	—	—	2			
物管中心/监控室（个）	7	1	—	1	—			—
停车场出入口（个）	7	—	—	1	—			1
广场/空地/休闲区（个）	4	—	—	—	—			1
楼梯/电梯口（个）	2	—	—	—	—			2
花坛/绿化带（个）	1	—	—	1	—			
幼儿园旁边（个）	1	—	—	—	—			
宿舍旁边（个）	—	—	—	—	1			
单车棚（个）	1	—	—	—	—			
活动室/健身房/棋牌室（个）	1	—	—	—	—			
总数（个）	188	8	4	22	8	—	4	11

注：组内占比指的是住宅空间内商品房小区、大院、城中村社区的智能柜数量占智能柜数量之和的比重；同理适用于办公空间、其他空间。

荡湾芳村片区内，智能柜主要有 15 种微区位布局位置，大门出入口是其在商品房小区布局的主要微区位，其次是架空层/天井位置，见表 5-5。

一方面，商品房小区的智能柜的数量占总数的比重达到 87%，在写字楼以及其他功能区的占比低于 4%。商品房小区的智能柜的数量占住宅空间的比重达到 97%。另一方面，大门出入口位置的智能柜数量占总数的比重达到 37%，在商品房小区的占比达到 33%，此外，商品房小区的架空层/天井、道路/通道旁边位置的智能柜的数量也较多，其占比分别达到 18% 和 11%，其他位置在商品房小区等功能空间的数量较少。

表 5–5　　　　　荔湾芳村片区的智能柜布局区位类型统计

位置类型	功能空间							
	住宅空间			办公空间			其他空间	
	商品房小区	大院	城中村社区	写字楼	教育功能区	公司企业	酒店/公寓/宿舍	商场/商业/商铺
总数占比（%）	87.0	0.7	2.2	—	2.2	0.7	4.3	2.9
组内占比（%）	96.8	0.8	2.4		75.0	25.0	60.0	40.0
大门出入口（个）	40	1	—	—	2	1	5	2
架空层/天井（个）	21	—	—	—	—	—	—	—
道路/通道旁边（个）	13	—	—	—	—	—	1	2
围墙/宣传栏旁边（个）	9	—	3	—	—	—	—	—
门岗/保安亭/值班室/警务室/收发室（个）	5	—	—	—	1	—	—	—
物管中心/监控室（个）	6	—	—	—	—	—	—	—
信报箱旁边（个）	5	—	—	—	—	—	—	—
广场/空地/休闲区（个）	4	—	—	—	—	—	—	—
大堂/首层（个）	4	—	—	—	—	—	—	—
停车场出入口（个）	4	—	—	—	—	—	—	—
幼儿园旁边（个）	3	—	—	—	—	—	—	—
花坛/绿化带（个）	2	—	—	—	—	—	—	—
配电房旁边（个）	2	—	—	—	—	—	—	—

续表

位置类型	功能空间							
	住宅空间			办公空间			其他空间	
	商品房小区	大院	城中村社区	写字楼	教育功能区	公司企业	酒店/公寓/宿舍	商场/商业/商铺
篮球/羽毛球/游泳场旁边（个）	1	—	—	—	—	—	—	—
楼梯/电梯口（个）	1	—	—	—	—	—	—	—
总数（个）	120	1	3	—	3	1	6	4

注：组内占比指的是住宅空间内商品房小区、大院、城中村社区的智能柜数量占智能柜数量之和的比重；同理适用于办公空间、其他空间。

　　海珠西部片区内，智能柜主要有 21 种微区位布局位置，大门出入口是其主要布局微区位，见表 5-6。

　　一方面，商品房小区的智能柜的数量在总数的占比达到 79%，在写字楼以及其他功能区的占比介于 1% ~ 8%，商品房小区的智能柜数量在住宅空间的占比达到 89%。另一方面，大门出入口、架空层/天井的智能柜数量在总数的占比分别超过 34% 和达到 12%，在商品房小区的占比较大，分别达到 30% 和 15%。不仅如此，大门出入口在大院、写字楼、教育功能区、酒店/公寓/宿舍、商场/商业/商铺的占比也较大，但是架空层/天井以及其他位置在写字楼等功能空间的占比差异较大。除此之外，商品房小区的围墙/宣传栏旁边、大堂/首层、道路/通道旁边、物管中心/监控室等位置的智能柜数量也较多。

表 5－6　　　　　　　海珠西部片区的智能柜区位类型统计

位置类型	功能空间							
	住宅空间			办公空间			其他空间	
	商品房小区	大院	城中村社区	写字楼	教育功能区	公司企业	酒店/公寓/宿舍	商场/商业/商铺
总数占比（%）	79.0	7.7	2.0	2.7	4.9	—	2.9	0.4
组内占比（%）	89.0	8.7	2.3	35.8	64.2	—	87.0	13.0
大门出入口（个）	165	31	2	9	16	—	10	1
架空层/天井（个）	82	—						
围墙/宣传栏旁边（个）	53	5	1	1	5		1	1
大堂/首层（个）	55	—	—	3	—	—	4	—
道路/通道旁边（个）	35	2	9	—	4	1	2	—
物管中心/监控室（个）	36	2		1			1	
门岗/保安亭/值班室/警务室/收发室（个）	24	2	—	—	3	—	—	—
停车场出入口（个）	17	1	1	2	3	—	—	—
广场/空地/休闲区（个）	20	2						
楼梯/电梯口（个）	12	1	—	2	1	—	2	—
单车棚（个）	9	4	—	1				
信报箱旁边（个）	12	2						
活动室/健身房/棋牌室（个）	9	—	1	—	1	—		
篮球/羽毛球/游泳场旁边（个）	10	—	—	—	—	1	—	—
配电房旁边（个）	3	1	—	—	—	—	1	
便利店旁边（个）	4							1
花坛/绿化带（个）	4	—	—	—	—	—	—	—

续表

位置类型	功能空间							
	住宅空间			办公空间			其他空间	
	商品房小区	大院	城中村社区	写字楼	教育功能区	公司企业	酒店/公寓/宿舍	商场/商业/商铺
幼儿园旁边（个）	—	—	—	—	1	—	—	—
环卫屋/回收点旁边（个）	—	1	—	—	—	—	—	—
大学快递服务中心（个）	1	—	—	—	—	—	—	—
监控/物管中心（个）	1	—	—	—	—	—	—	—
总数（个）	552	54	14	19	34	3	20	3

注：组内占比指的是住宅空间内商品房小区、大院、城中村社区的智能柜数量占智能柜数量之和的比重；同理适用于办公空间、其他空间。

海珠东部片区内，智能柜主要有 18 种微区位布局位置，大门出入口是其主要布局微区位，见表 5 - 7。

一方面，商品房小区的智能柜的数量在总数的占比达到 69%，写字楼以及其他功能区的占比介于 1% ~ 9%，商品房小区的智能柜数量在住宅空间的占比达到 90%。另一方面，大门出入口的智能柜的数量在总数的占比超过 49%，在商品房小区的占比较大，达到 48%。不仅如此，大门出入口的位置在大院、写字楼、教育功能区、公司企业、酒店/公寓/宿舍、商场/商业/商铺的占比也较大，架空层/天井以及其他位置在写字楼等功能空间的占比差异较大。除此之外，商品房小区的架空层/天井的智能柜数量占比也较大，达到 20%，大堂/首层、围墙/宣传栏旁边、物管中心/监控室、门岗/保安亭等位置的智能柜数量相对较多。

表 5 - 7　　　　　　海珠东部片区的智能柜区位类型统计

位置类型	功能空间							
	住宅空间			办公空间			其他空间	
	商品房小区	大院	城中村社区	写字楼	教育功能区	公司企业	酒店/公寓/宿舍	商场/商业/商铺
总数占比（%）	68.8	8.1	—	3.1	7.8	1.6	9.0	1.6
组内占比（%）	89.5	10.5	—	25.0	62.5	12.5	85.3	14.7
大门出入口（个）	106	19	—	4	11	3	13	2
架空层/天井（个）	44	—	—	—	—	—	4	—
大堂/首层（个）	16	—	—	2	—	1	5	1
围墙/宣传栏旁边（个）	13	1	—	1	2	1	1	1
门岗/保安亭/值班室/警务室/收发室（个）	10	2	—	—	2	—	1	—
物管中心/监控室（个）	14	1	—	—	—	—	—	—
道路/通道旁边（个）	5	1	—	1	4	—	2	—
停车场出入口（个）	4	—	—	2	—	—	1	—
宿舍旁边（个）	—	1	—	—	4	—	—	—
楼梯/电梯口（个）	3	—	—	—	—	—	—	—
单车棚（个）	1	1	—	—	—	—	—	—
便利店旁边（个）	2	—	—	—	—	—	—	—
篮球/羽毛球/游泳场旁边（个）	2	—	—	—	—	—	—	—
信报箱旁边（个）	—	—	—	—	—	—	—	—
广场/空地/休闲区（个）	—	—	—	—	1	—	—	—
配电房旁边（个）	1	—	—	—	—	—	—	—
活动室/健身房/棋牌室（个）	—	—	—	—	—	—	1	—
大学快递服务中心（个）	—	—	—	—	1	—	—	—
总数（个）	221	26	—	10	25	5	29	5

注：组内占比指的是住宅空间内商品房小区、大院、城中村社区的智能柜数量占智能柜数量之和的比重；同理适用于办公空间、其他空间。

　　天河京溪片区内，智能柜主要有 16 种微区位布局位置，大门出入口、架空层/天井是其在商品房小区布局的主要微区位，见表 5-8。

　　一方面，商品房小区的智能柜数量在总数的占比达到 71%，教育功能区的占比超过 17%。商品房小区的智能柜数量在住宅空间的占比超过 93%，教育功能区的智能柜数量在办公空间的占比超过 93%。另一方面，大门出入口位置的智能柜数量在总数的占比超过 37%，在商品房小区的占比达到 42%，教育功能区的占比达到 37%。此外，商品房小区的架空层/天井位置的智能柜数量也较多，其占比超过 13%，其他位置在商品房小区的占比低于 8%。

表 5-8　　　　　　　　　天河京溪片区的智能柜区位类型统计

位置类型	功能空间							
	住宅空间			办公空间			其他空间	
	商品房小区	大院	城中村社区	写字楼	教育功能区	公司企业	酒店/公寓/宿舍	商场/商业/商铺
总数占比（%）	70.9	1.3	3.8	1.3	17.1	—	3.2	2.5
组内占比（%）	93.3	1.7	5.0	6.9	93.1	—	55.6	44.4
大门出入口（个）	47	1	—	—	10	—	1	—
架空层/天井（个）	15	—	—	—	—	—	—	—
围墙/宣传栏旁边（个）	8	1	—	—	1	—	1	—
停车场出入口（个）	8	—	2	1	—	—	—	—
道路/通道旁边（个）	5	—	2	—	3	—	—	1
大堂/首层（个）	4	—	1	1	—	—	1	3
活动室/健身房/棋牌室（个）	9	—	—	—	—	—	—	—
大学快递服务中心（个）	—	—	—	—	8	—	—	—
广场/空地/休闲区（个）	6	—	—	—	1	—	—	—

位置类型	功能空间							
	住宅空间			办公空间			其他空间	
	商品房小区	大院	城中村社区	写字楼	教育功能区	公司企业	酒店/公寓/宿舍	商场/商业/商铺
物管中心/监控室（个）	6	—	—	—	—	—	—	—
门岗/保安亭/值班室/警务室/收发室（个）	1	—	—	—	3	—	—	—
信报箱旁边（个）	—	—	—	—	—	—	2	—
楼梯/电梯口（个）	2	—	—	—	—	—	—	—
单车棚（个）	1	—	—	—	—	—	—	—
幼儿园旁边（个）	—	—	1	—	—	—	—	—
宿舍旁边（个）	—	—	—	—	1	—	—	—
总数（个）	112	2	6	2	27	—	5	4

（2）架空层/天井的位置。

架空层/天井的位置类型主要位于白云金沙洲片区、番禺市桥片区。

白云金沙洲片区内，智能柜主要有 12 种微区位布局位置，架空层/天井、大门出入口是其主要布局微区位，见表 5 - 9。一方面，商品房小区的智能柜总数占比达到 90%，酒店/公寓/宿舍以及其他功能区的总数占比介于 1% ~ 7%。商品房小区的智能柜数量在住宅空间的占比超过 99%。另一方面，架空层/天井、大门出入口两处位置的智能柜数量在总数的占比分别为 35% 和 32%，在商品房小区的占比较大，分别为 37% 和 30%，其次，大堂/首层位置的智能柜在商品房小区的数量也较多，占比超过 12%，此外，其他位置在商品房小区的占比均低于 5%。

表5-9 白云金沙洲片区的智能柜区位类型统计

位置类型	功能空间							
	住宅空间			办公空间			其他空间	
	商品房小区	大院	城中村社区	写字楼	教育功能区	公司企业	酒店/公寓/宿舍	商场/商业/商铺
总数占比（%）	90.0	—	0.5	1.1	—	1.1	6.8	0.5
组内占比（%）	99.4	—	0.6	50.0	—	50.0	92.9	7.1
架空层/天井（个）	64	—	—	—	—	—	2	
大门出入口（个）	52	—	1	1	—	1	5	1
大堂/首层（个）	21							
围墙/宣传栏旁边（个）	9	—	—	—	—	—	3	
门岗/保安亭/值班室/警务室/收发室（个）	8							
道路/通道旁边（个）	7	—	—	—	—	—	1	
物管中心/监控室（个）	5	—	—	—	—	—	2	
便利店旁边（个）	2							
楼梯/电梯口（个）	—	—	—	1	—	1	—	—
广场/空地/休闲区（个）	1							
信报箱旁边（个）	1							
停车场出入口（个）	1							
总数（个）	171	—	1	2	—	2	13	1

注：组内占比指的是住宅空间内商品房小区、大院、城中村社区的智能柜数量占智能柜数量之和的比重；同理适用于办公空间、其他空间。

番禺市桥片区内，智能柜主要有15种微区位布局位置，架空层/天井、大堂/首层是其主要布局微区位，见表5-10。一方面，商品房小区的智能柜数量在总数的占比达到85%，商品房小区的智能柜数量在住宅空间的占比到达99%。另一方面，架空层/天井、大堂/首层两处位置的智能柜数量较多，其在总数的占比分别为32%和30%，在商品房小区的占比分别为 38% 和 27% ，此外，大堂/首层、围墙/宣传栏旁边以及其他位置在商品房小区的占比均低于 7% 。

表 5-10　　　　　　番禺市桥片区的智能柜区位类型统计

位置类型	功能空间							
	住宅空间			办公空间			其他空间	
	商品房小区	大院	城中村社区	写字楼	教育功能区	公司企业	酒店/公寓/宿舍	商场/商业/商铺
总数占比（%）	84.9	—	0.7	4.3	7.2	0.7	2.2	—
组内占比（%）	99.2	—	0.8	35.3	58.8	5.9	100.0	—
架空层/天井（个）	45	—	—	—	—	—	—	—
大门出入口（个）	32	—	1	2	4	—	2	—
大堂/首层（个）	8	—	—	2	—	—	—	—
围墙/宣传栏旁边（个）	8	—	—	—	—	1	—	—
门岗/保安亭/值班室/警务室/收发室（个）	1	—	—	—	6	—	—	—
配电房旁边（个）	7	—	—	—	—	—	—	—
道路/通道旁边（个）	5	—	—	1	—	—	—	—
停车场出入口（个）	4	—	—	—	—	—	1	—
单车棚（个）	2	—	—	—	—	—	—	—
物管中心/监控室（个）	1	—	—	1	—	—	—	—
便利店旁边（个）	1	—	—	—	—	—	—	—
广场/空地/休闲区（个）	1	—	—	—	—	—	—	—
信报箱旁边（个）	1	—	—	—	—	—	—	—
花坛/绿化带（个）	1	—	—	—	—	—	—	—
活动室/健身房/棋牌室（个）	1	—	—	—	—	—	—	—
总数（个）	118	—	1	6	10	1	3	—

（3）多元化的位置。

多元化的位置类型主要位于天河东部片区、白云三元里片区。

天河东部片区内，智能柜主要有大门出入口、架空层/天井、围墙/宣传栏旁边、大堂/首层位置等19种微区位布局位置，见表5－11。一方面，商品房小区的智能柜数量较多，其总数占比达到79%，写字楼以及其他功能区的智能柜数量较少，其总数占比均低于6%，商品房小区的智能柜数量在住宅空间的占比达到96%。另一方面，大门出入口、架空层/天井位置的智能柜数量在总数的占比超过35%和18%，在商品房小区的占比超过32%和22%，此外，围墙/宣传栏旁边、大堂/首层位置的智能柜数量也较多，它们在总数的占比均达到10%，在商品房小区的占比在12%和10%左右，其他位置在商品房小区等功能空间的数量较少。

表5－11　　　　　　天河东部片区的智能柜区位类型统计

位置类型	功能空间							
	住宅空间			办公空间			其他空间	
	商品房小区	大院	城中村社区	写字楼	教育功能区	公司企业	酒店/公寓/宿舍	商场/商业/商铺
总数占比（%）	78.6	3.1	0.6	7.5	4.7	—	5.6	
组内占比（%）	95.6	3.7	0.7	61.4	38.6	—	100.0	
大门出入口（个）	91	6	—	13	7	—	10	
架空层/天井（个）	63	—	—	—	3	—		
围墙/宣传栏旁边（个）	34	—	—	1	1	—		
大堂/首层（个）	28	—	—	5	2	—	1	
物管中心/监控室（个）	19	2	—	2	—	—	2	
道路/通道旁边（个）	13	2	2	1	3	—	4	

续表

位置类型	功能空间							
	住宅空间			办公空间			其他空间	
	商品房小区	大院	城中村社区	写字楼	教育功能区	公司企业	酒店/公寓/宿舍	商场/商业/商铺
停车场出入口（个）	7	—	—	1	—	—	2	
广场/空地/休闲区（个）	6	—	—	2	—	—	—	
门岗/保安亭/值班室/警务室/收发室（个）	5	1						
楼梯/电梯口（个）	3	—	—	1	—	—	1	
单车棚（个）	4							
信报箱旁边（个）	3							
篮球/羽毛球/游泳场旁边（个）	2							
负一层（个）	—	—	—	1	—	—	—	
宿舍旁边（个）	—	—	—	—	—	1	—	
配电房旁边（个）	1							
花坛/绿化带（个）	1							
天桥底下（个）	1							
活动室/健身房/棋牌室（个）	1							
总数（个）	282	11	2	27	17	—	20	—

注：组内占比指的是住宅空间内商品房小区、大院、城中村社区的智能柜数量占智能柜数量之和的比重；同理适用于办公空间、其他空间。

　　白云三元里片区内，智能柜主要有大门出入口、围墙/宣传栏旁边、大堂/首层、架空层/天井等 18 种微区位布局位置，见表 5 - 12。一方面，商品房小区的智能柜数量的总数占比达到 73%，酒店/公寓/宿舍、教育功能区、写字楼的占比介于 6% ~ 9%，其他功能区的占比低于3%。商品房小区的智能柜数量在住宅空间的占比达到95%。另一方面，大门出入口、围墙/宣传栏旁边、大堂/首层、架空层/天井四处位置的智能柜数量在总数的占比分别为36%、12%、12%和10%，在商品房小区的占比也较大，分别为35%、12%、9%和14%。不仅如此，大门出入口在教育功能区、酒店/公寓/宿舍的占比也较大，但是大堂/首层、架空层/天井以及其他位置在写字楼等功能空间的占比差异较大。

表5-12　　　　　　　白云三元里片区的智能柜区位类型统计

位置类型	功能空间							
	住宅空间			办公空间			其他空间	
	商品房小区	大院	城中村社区	写字楼	教育功能区	公司企业	酒店/公寓/宿舍	商场/商业/商铺
总数占比（%）	72.6	1.3	2.6	5.9	8.1	0.3	8.5	0.7
组内占比（%）	94.9	1.7	3.4	40.9	56.8	2.3	92.9	7.1
大门出入口（个）	79	1	2	6	11	—	10	—
围墙/宣传栏旁边（个）	27	1	—	1	4	—	3	—
大堂/首层（个）	21	1	—	6	3	—	4	1
架空层/天井（个）	31	—	—	—	—	—	—	—
道路/通道旁边（个）	12	—	3	—	3	—	2	—
物管中心/监控室（个）	13	—	—	—	1	—	2	—
门岗/保安亭/值班室/警务室/收发室（个）	6	—	—	—	2	1	2	—
楼梯/电梯口（个）	6	—	—	2	—	—	—	1
单车棚（个）	6	—	—	1	—	—	1	—
停车场出入口（个）	3	—	2	2	—	—	—	—
活动室/健身房/棋牌室（个）	7	—	—	—	—	—	—	—

位置类型	功能空间							
	住宅空间			办公空间			其他空间	
	商品房小区	大院	城中村社区	写字楼	教育功能区	公司企业	酒店/公寓/宿舍	商场/商业/商铺
配电房旁边（个）	2	—	—	—	—	—	2	—
广场/空地/休闲区（个）	4	—	—	—	—	—	—	—
信报箱旁边（个）	2	1	—	—	—	—	—	—
篮球/羽毛球/游泳场旁边（个）	3	—	—	—	—	—	—	—
便利店旁边（个）	—	—	1	—	—	—	—	—
幼儿园旁边（个）	1	—	—	—	—	—	—	—
宿舍旁边（个）	—	—	—	—	1	—	—	—
总数（个）	223	4	8	18	25	1	26	2

注：组内占比指的是住宅空间内商品房小区、大院、城中村社区的智能柜数量占智能柜数量之和的比重；同理适用于办公空间、其他空间。

5.1.2　布局在商务区的位置类型

（1）大堂/首层的位置。

大堂/首层＋大门出入口的位置是商务区智能柜布局的主要模式之一，见表 5-13。天河珠江新城片区内，一方面，写字楼的占比超过 22%，写字楼的智能柜数量在办公空间的占比达到 80%。另一方面，大堂/首层、大门出入口、架空层/天井三处位置的智能柜数量在写字楼的占比分别为 28%、26% 和 9%。此外，大门出入口在商品房小区、大院、教育功能区、酒店/公寓/宿舍、商场/商业/商铺的占比也较大。

表 5 – 13　　　　　　天河珠江新城片区的智能柜区位类型统计

位置类型	功能空间							
	住宅空间			办公空间			其他空间	
	商品房小区	大院	城中村社区	写字楼	教育功能区	公司企业	酒店/公寓/宿舍	商场/商业/商铺
总数占比（%）	58.6	7.7	1.0	22.4	5.8	—	4.4	0.1
组内占比（%）	87.1	11.5	1.5	79.5	20.5	—	96.9	3.1
大门出入口（个）	108	24	1	41	17	—	10	
大堂/首层（个）	89	5		44		—	9	
架空层/天井（个）	100	3		15		—	1	
道路/通道旁边（个）	34	4	4	16	10	—	1	
围墙/宣传栏旁边（个）	19	2	1	12	5	—	2	1
物管中心/监控室（个）	15	3		7	1	—	1	
停车场出入口（个）	10			8	1	—	2	
门岗/保安亭/值班室/警务室/收发室（个）	3	9	1		5	—	1	
单车棚（个）	6	4		1	1	—		
楼梯/电梯口（个）	5			5		—	2	
信报箱旁边（个）	8			1		—		
广场/空地/休闲区（个）	6	1		2		—		
负一层（个）	3			3		—	1	
配电房旁边（个）	3			2	1	—		
花坛/绿化带（个）	2			2		—		
篮球/羽毛球/游泳场旁边（个）	3							
环卫屋/回收点旁边（个）	3							
便利店旁边（个）						—	1	
总数（个）	417	55	7	159	41	—	31	1

注：组内占比指的是住宅空间内商品房小区、大院、城中村社区的智能柜数量占智能柜数量之和的比重；同理适用于办公空间、其他空间。

（2）大门出入口的位置。

大门出入口 + 大堂/首层的位置是商务区智能柜布局的另一种模式（见表 5 - 14）。在越秀东山片区内，一方面，写字楼的智能柜的数量在总数的占比达到 19%，其在办公空间的占比达到 77%。另一方面，大门出入口、大堂/首层两处位置的智能柜数量在写字楼的占比超过 28% 和 22%。此外，大门出入口的智能柜数量在商品房小区的占比也高，超过 76%。

表 5 - 14　　　　　　　越秀东山片区的智能柜区位类型统计

位置类型	功能空间							
	住宅空间			办公空间			其他空间	
	商品房小区	大院	城中村社区	写字楼	教育功能区	公司企业	酒店/公寓/宿舍	商场/商业/商铺
总数占比（%）	55	15	2	19	6	—	3	1
组内占比（%）	76	21	3	77	23	—	85	15
大门出入口（个）	55	27	4	19	6	—	4	2
大堂/首层（个）	44	3		15		—	2	
道路/通道旁边（个）	21	4	1	4	3	—	1	
门岗/保安亭/值班室/警务室/收发室（个）	9	7	1	4	2	—		
物管中心/监控室（个）	15	1		4	1	—		
围墙/宣传栏旁边（个）	10	1		3	3	—	1	
架空层/天井（个）	12	1		3		—		
停车场出入口（个）	7			5	1	—	1	
楼梯/电梯口（个）	4			7	1	—		
广场/空地/休闲区（个）	5	3	1			—	1	
花坛/绿化带（个）	4	1		1	3	—		

续表

位置类型	功能空间							
	住宅空间			办公空间			其他空间	
	商品房小区	大院	城中村社区	写字楼	教育功能区	公司企业	酒店/公寓/宿舍	商场/商业/商铺
信报箱旁边（个）	4	2				—		
单车棚（个）	2	1		1		—		
配电房旁边（个）		2		1		—		
活动室/健身房/棋牌室（个）	2					—		
总数（个）	194	53	7	67	20		11	2

5.1.3　布局在教育功能区的位置类型

　　这种位置类型主要分布在番禺大学城片区内。天桥底下是智能柜在教育功能区布局的主要微区位，大门出入口、大学饭堂旁边是次要微区位，见表 5 - 15。一方面，教育功能区的智能柜的总数占比超过 90%。天桥底下、大门出入口、大学饭堂旁边三处位置的智能柜数量在总数的占比分别为 42%、32% 和 20%，在教育功能区的占比分别为 39%、35% 和 23%。另一方面，每个网格的智能柜集聚在特定地点。第一个地点是连接生活区与教学区的天桥底下。例如，中山大学的智能柜围绕着生活区与教学区之间的沿路布局，网购者提取快递时需要穿过大门至指定的智能柜，步行距离通常在 100 米至 1000 米之间。该位置对于专程而非路过的网购者提取快递十分不方便。第二个地点是位于生活区的饭堂出入口。例如，广东工业大学的智能柜坐落在生活区大门出入口外的沿路上，网购者自提快递也需要穿过大门，但是由于该位置距离生活区相对较近，网购者专程提取快递的步行距离相对较近。

表 5－15   番禺大学城片区的智能柜区位类型统计

位置类型	功能空间							
	住宅空间			办公空间			其他空间	
	商品房小区	大院	城中村社区	写字楼	教育功能区	公司企业	酒店/公寓/宿舍	商场/商业/商铺
总数占比（%）	9.9	—	—	—	90.1		—	—
组内占比（%）	100.0	—	—	—	100.0		—	—
天桥底下（个）	13	—	—	—	71		—	—
大门出入口（个）	1	—	—	—	63		—	—
大学饭堂旁边（个）	—	—	—	—	41		—	—
围墙/宣传栏旁边（个）	—	—	—	—	5		—	—
架空层/天井（个）	5	—	—	—	—		—	—
大堂/首层（个）	1	—	—	—	1		—	—
花坛/绿化带（个）	—	—	—	—	1		—	—
总数（个）	20	—	—	—	182		—	—

5.2 　不同微区位类型的形成机制

上述的数理统计结果显示，智能柜的微区位类型可以归纳为以下几种布局模式：（1）商品房小区的大门出入口、架空层和大堂三处位置；（2）写字楼的大门出入口和大堂两处位置；（3）教育功能区的大门出入口和天桥底下两处位置。

5.2.1 商品房小区的微区位形成机制

由前所述，架空层、大门出入口等位置是商品房小区智能柜比较集中的位置。为什么商品房小区的智能柜比较倾向于此种位置布局呢？本研究认为，这是资本方和物业方在利益博弈之下基于位置点地理环境和小区业主的反馈机制作出的区位选择，见图5－2。

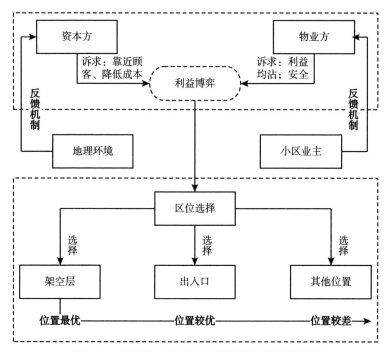

图5－2　商品房小区的智能柜微区位的形成机制

从利益相关者视角出发，资本方和物业方的基本诉求都是追求利益。但是资本方和物业方分别受到来自局部地理环境和小区业主反馈机制的鼓励或者限制。在小区业主不担心快递员随意进出小区会带来安全隐患的时候，小区门岗不会限制相关人员的进出。这种情况下，如果商品房小区的地理环境有充足的空间，智能柜的最优布局区位是架空层位置。如果商品房小区地处空间比较拥挤的老城区，那么居民楼的入口位置、围墙边等位置就比较优越，此时就会出现商品房小区的多元化位置情况。但是，在小区业主担忧快递员随意进出小区会带来安全隐患的时候，他们会向小区物业管理部门施加负向反馈，小区门岗则会加强对相关人员的进出限制。这种情况下，商品房小区的大门出入口位置就是智能柜布局的最佳位置。

因此，在资本方、物业方以及小区业主的利益博弈之下，智能柜在商品房小区的布局位置会有大门出入口位置、架空层位置和多元化位置等类型。

5.2.2　商务区的微区位形成机制

由前所述，大堂和大门出入口位置是商务区智能柜比较集中的位置。为什么商务区的智能柜比较倾向于此种位置布局呢？本研究认为，这是资本方和管理方在利益博弈之下基于位置点的地理环境作出的区位选择，见图 5 - 3。

从利益相关者视角出发，资本方的基本诉求是寻找最接近顾客的区位，以降低成本、提升配送效率，获得足够的利润。管理方作为另一类资本方，其行为的基本诉求也在于追求利益。在这种情况之下，二者容易达成合作意向。但是资本方除了考虑管理方的利益诉求之外，还需要考虑智能柜布局的局部地理环境。以写字楼为载体的商务区一般分布在内城和中心城区，二者的地理环境差异较大。在内城，建筑物相对老旧、城市空间狭窄，大多数建筑物的首层没有足够空间，中心城区的建筑物和城市空间与此相反，大多数建筑物的首层预留有开敞空间。因此，智能柜在内城的商务区布局时，选址会更加看中有充足空间的位置，例如围墙、道路、宣传栏、停车场、电梯口等位置都是可行的地点。智能柜在中心城区的商务区布局时，选址会更加倾向于大堂甚至是办公区门口的位置。

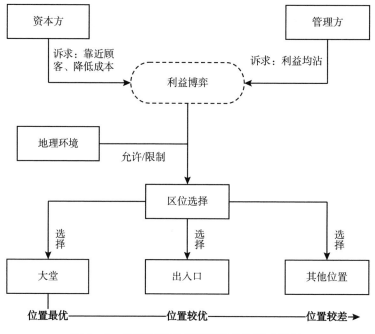

图 5-3　商务区的智能柜微区位的形成机制

在资本方和管理方的利益博弈下，智能柜在商务区的布局位置会有大堂、首层位置、大门出入口位置等类型。

5.2.3　教育功能区的微区位形成机制

比较教育功能区的智能柜布局位置，发现其微区位的一个共同点是智能柜布局都放弃了靠近顾客所在地的宿舍架空层，而是选择了远离顾客所在地的学校大门出入口的外边，自提快递需要穿过大门。为什么资本方选择这种智能柜布局位置呢？

研究者发现快递自提点与顾客的距离越近，顾客收取包裹的数量越多（Weltevreden J W J, 2008）。这意味着顾客收取包裹越便捷，顾客的线上购物行为越频繁，资本方从中获利越丰厚。目前，智能柜的区位与客户的距离较远，这对于顾客收取快递来说十分麻烦，会在一定程度上抑制顾客的网上购物和收取快递行为。那么，是什么原因阻止了资本方在最便捷的位置布局智能柜呢？

从利益相关者视角出发，教育功能区的智能柜微区位选址是在资方和校方的许可博弈之下作出的区位选择，见图 5 - 4。

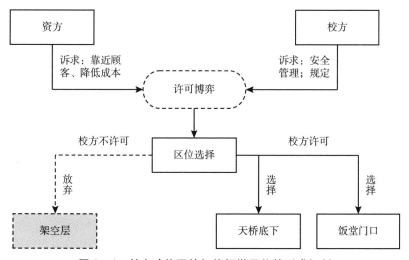

图 5 - 4　教育功能区的智能柜微区位的形成机制

资本方在布局智能柜的过程中，受到了来自管理方安全考虑的制约，天桥底下和饭堂门口的位置是资本方与校方博弈之后作出的区位选择。校方作为管理方，其工作的第一要务是保证教学工作和学生人身安全。资本方作为第三方服务公司，极容易发生社会不法人员冒充快递员进入学校的不安全事件。另外，快递配送车辆在校园来回穿梭存在安全隐患甚至安全事故[①]。因此，在缺乏校方许可的情况下，选择距离顾客较近的位置是最优选择。

在资本方和校方的许可博弈下，智能柜在教育功能区的布局位置集中于学校大门口外边的道路上，尤其是连接生活区和教学区的天桥底下以及人流集中的饭堂门口两处位置。

5.3　本章小结

本章采用统计方法，结合遥感影像数据，将智能柜形式的快递自提点的布局位置概括为几种微区位类型。主要发现如下：

（1）住宅空间、办公空间是智能柜布局的主要功能空间，其中商品房小区、教育功能区、写字楼是主要的宏观区位。大门出入口、架空层/天井、大堂/首层三类位置是智能柜布局的主要微观区位，这类位置的主要特征是扼守某类功能空间（如门禁小区、机关大院、写字楼等）的进出通道，这些位置或者距离顾客的最终距离短，或者有足够的空间安置智能柜。另外，一些次要的位置，例如围墙/宣传栏旁边、道路/通道旁边、物管中心/监控室、门岗/保安亭等、停车场出入口等也是智能柜布局的微观区位，这些位置也能够提供距离客户较

---

① 光明网.大学生校内遭快递货车碾轧身亡，校方通报详情［EB/OL］.（2021－09－07）［2023－06－01］.https：//m.gmw.cn/2021－09/07/content_1302559107.htm.

短距离或者比较宽敞的空间。

（2）根据智能柜微观布局位置的数量统计，本研究总结出商品房小区、商务区和教育功能区三种快递自提点布局的位置类型。其中商品房小区的位置类型有大门出入口位置、架空层/天井位置和多元化位置三种，商务区的位置类型有大堂/首层位置和大门出入口位置两种，教育功能区的位置类型有大门出入口位置和天桥底下位置两种。

（3）利益相关者多方博弈造成这些微观位置的区位差异。其中，商品房小区微观布局位置的形成是受到来自局部地理环境和小区业主反馈机制的鼓励或者限制，资本方作出的最靠近终端顾客的策略选择。商务功能区微观布局位置的形成是资本方对局部地理环境反馈作出的最靠近终端顾客的策略选择。教育功能区微观位置布局的形成是在资本方和校方的基本诉求差异比较大的情况下，资本方作出的最靠近终端顾客的策略选择。布局位置的微观区位特征启示，注意区别利益相关者的多方诉求，以及局部地理环境对布局位置的影响，以便在使用理论模型指导广州市快递自提点布局中选择出合适的布局地点。

第6章　广州市快递自提点的顾客
接受意愿影响因素

　　鉴于快递自提点在广州市域空间上分布的异质性特征，以及网点位置所反映的通达性等时圈差异，比较现实的问题是这些处于不同位置点的快递自提点是否增加或减弱了顾客使用快递自提点的态度和接受意愿。文献研究表明，位置便利性对顾客关于快递自提点的态度和接受意愿具有正向影响。就广州市而言，快递自提点的位置便利性是否也具有此种效果，这对于物流配送企业优化快递自提点具有现实的指导意义。因此，本章对位置便利性和感知因素对快递自提点的态度和接受意愿作出评价。

6.1　感知—态度—意愿分析框架及假设

　　通过上述对已有相关文献的分析，基于感知—态度—意愿的基础框架，本研究构建快递自提服务态度和意愿的逻辑框架（见图 6 - 1）。感知题项包括感知相容性、感知复杂性、感知观察性、感知试用性、感知便利性、感知风险、感知可靠性、感知相对优势以及位置便利性，分别分析它们对态度，以及态度对意愿的作用路径。其中，性别、年龄、教育水平、职业以及月收入五项个体基本特征作用控制变量。根据前人研究成果，分别设置不同的假设。

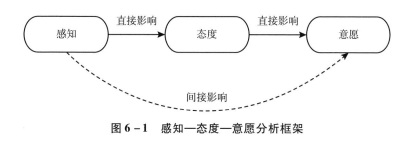

图 6-1　感知—态度—意愿分析框架

6.1.1　态度对意愿的作用效应假设

根据创新扩散理论，在知识产生以后，个人即对创新有了感知的基础，随后个人就会基于感知对创新形成有利或不利的态度，最后个人根据态度决定采用还是拒绝创新。在此过程中，消费者的信念（对创新的感知）导致态度（有利或不利的态度）并最终导致行为（决定采纳或拒绝）的关联被清楚地呈现出来（Davis F D, 1989; Jeyaraj A, Rottman J W and Lacity M C, 2006; Karahanna E, Straub D W and Chervany N L, 1999; Taylor S and Todd P, 1995）。据此，提出假设：

H1：顾客对快递自提点的感知间接地通过态度影响其接受意愿。

H2：顾客对快递自提点的态度正向影响其接受意愿。

6.1.2　位置便利性对态度和意愿的作用效应假设

位置便利性已被用来解释消费者在使用快递自提服务时感知到的时间压力（Collier J E et al., 2015）。此外，琼斯、马瑟斯堡和贝蒂

（Jones M A，Mothersbaugh D L and Beatty S E，2003）研究了消费者满意度和位置便利性之间的关系。前人的研究认为，如果快递自提点的位置太远或客户难以到达，则顾客将选择替代的便捷服务。这是因为客户会分配匹配的认知资源来完成取包裹的任务（Anand P and Sternthal B，1990）。陈远高等（2018）假设位置便利性对消费者使用自助包裹递送服务的意愿有直接和积极的影响，并且此种影响也得到了支持。在此基础上，本研究认为位置便利性也会对顾客使用快递自提点的态度产生直接和积极的影响。据此，提出假设：

H3：位置便利性对顾客使用快递自提点的态度和意愿存在正向影响。

H3a：位置便利性对顾客使用快递自提点的态度存在正向影响。

H3b：位置便利性对顾客使用快递自提点的意愿存在正向影响。

6.1.3 感知、态度和意愿的作用效应假设

（1）感知相容性对态度产生正向作用效应。

感知相容性指的是创新被视为与潜在采用者的现有价值观、需求和过去经验相一致的程度（Rogers E M，1995）。它评估了创新与消费者各方面之间的一致程度以及创新适用的情况（Karahanna E，Agarwal R and Angst C M，2006）。在采用快递自提服务的情况下，不同消费者对相容性的感知可能有所不同。例如，工作专业人士可能认为快递自提服务与他们的生活方式高度兼容，因为他们不能在办公时间等在家里收取快递，而是在回家的路上就可以顺路提取快递。与此不同，家庭主妇可能更喜欢送货上门服务，因为她们可以一边在家等着接收快递一边完成家务劳动，这更符合她的生活方式。相容性代表

内在动机（Vallerand R J，1997）。当快递自提服务与消费者的需求、价值和生活方式兼容时，它会产生内在动机，并使消费者更倾向于使用。据此，提出假设：

H1a：顾客的感知相容性与其接受快递自提点的态度呈正相关。

（2）感知复杂性对态度产生负向作用效应。

感知复杂性评估创新被使用的困难程度（Rogers E M，1995）。对于采用快递自提服务，当用户进行包裹检索时会出现人与系统的交互。为确保安全，系统通过扫描条形码、输入密码和包裹序列号等方式设计了不同阶段的身份检查，这会给用户带来额外的负担。虽然一些消费者因安全考虑而接受，但其他人可能会觉得这是一种负担，从而对通过系统自提快递形成不利的态度。据此，提出假设：

H1b：顾客的感知复杂性与其接受快递自提点的态度呈负相关。

（3）感知可试用性和感知可观察性对态度产生正向作用效应。

感知可试用性是指在采用之前，创新被感知可试用的程度；感知可观察性涉及创新结果被他人感知可观察的程度（Rogers E M，1995）。有学者认为，消费者仅在最初采用创新，而不是在持续使用创新时，感知到的可试用性以及可观察性才是态度的重要考虑因素（Agarwal R and Prasad J，1997）。由于实际情况中，很难区分消费者是初次采用快递自提服务或者是持续试用快递自提服务，因此本研究依然将这两个因素纳入概念模型进行考察。通过自提点自取包裹不仅涉及使用自提系统检索包裹，还涉及顾客参与自提快递的体验，甚至改变其出行行为。在这方面，可试用性为试验新行为提供了一个安全的环境，消费者可以体验到他们好奇的新行为（Stromberg H et al.，2016）。意外的试用经历可能会带来积极的惊喜，有助于形成对接受快递自提的有利态度。虽然可试用性是关于人机的试验性交互，但可观察性是通过观察其他用户来学习如何实现人机交互。事实上，感知到的可试用性和感知到的可观察性都以类似的方式影响消费者的态度形成。最新的一项研究表明可试用性和可观察性都与消费者的采纳倾向呈正相关（Weigel F K et al.，2014）。据此，提出假设：

H1c：顾客的感知可观察性与其接受快递自提点的态度呈正相关。

H1d：顾客的感知可试用性与其接受快递自提点的态度呈正相关。

（4）感知便利性对态度产生正向作用效应。

感知便利性是指客户易于获得服务（Berry L L，Seiders K and Grewal D，2002）。在自助服务技术的背景下，便利性可以通过地理便利性（如物理距离）、时间便利性（如工作时间）和工作便利性（如易用性）三个核心维度来体现（Collier J E et al.，2014；Lin J and Hsieh P L，2011；Roy S K et al.，2018）。

一般来说，智能储物柜可以为顾客提供便利，从而提高他们的感知价值（Bulmer S，Elms J and Moore S，2018）。例如，就地理便利性而言，位于顾客住所、工作场所和交通节点附近的快递自提点更适合于那些拥有移动生活方式的人，如职业人士和学生（Yuen K F et al.，2018）。此外，考虑到时间的便利性，顾客可以在任何可用的时间从智能储物柜中取回包裹，而不是在家里等待送货上门（Collier J E and Sherrell D L，2010）。关于工作便利性，在这个数字化时代，顾客通常更容易接受和手机应用相关的新技术。快递自提点是自动化的，并且与自提包裹的移动应用程序相连接。因此，学习有效使用快递自提服务所需的工作量相对较低。

基于上述回顾，本研究提出，与使用快递自提服务，尤其是智能快递柜相关的地理、时间和工作便利性可以通过提高功能效用和趣味性，积极提升客户的感知价值。据此，提出假设：

H1e：顾客的感知便利性与其接受快递自提点的态度呈正相关。

（5）感知风险对态度产生负向作用效应。

情绪风险理论认为，感知风险是决策过程中所经历的情绪效应。当对危险情况的情绪反应出现分歧时，情绪反应往往会驱动行为（Loewenstein G F et al.，2001）。在感知风险的五个维度（财务风险、安全和隐私风险、绩效风险、社会风险、时间风险）定义中，学者们通常以安全和隐私风险评估网购消费者应对感知到的风险作出的情绪反应。本研究中安全和隐私风险具体表现为与不当使用个人信息相关的潜在损失，尤其是在互联网业务的大数据环境中。

感知风险成为关键的潜在变量，尤其是当它们与互联网服务的隐私相关研究相关联时（Lee M C，2009）。实证研究表明，感知安全或风险的重要性是指顾客认为使用新程序或技术在金融、隐私或其他领域安全的程度（Khalilzadeh J，Ozturk A B and Bilgihan A，2017）。一些研究表明感知安全或风险与行为意愿之间存在显著关系（Zhang D，Zhu P and Ye Y，2016）。由于基于互联网的服务缺乏有形和具体的线索，因此它比传统的线下服务更加主观和不确定。因此，顾客在评估使用快递自提服务时可能会更加缺乏安全感，即感知风险可能会大大降低顾客使用快递自提服务的意愿。据此，提出假设：

H1f：顾客的感知风险与其接受快递自提点的态度呈负相关。

（6）感知可靠性对态度产生正向作用效应。

可靠性被定义为快递自提服务，尤其是智能储物柜的一致性和准确性。已有研究表明快递自提服务的可靠性可以增加顾客的感知价值（Yuen K F et al.，2019）。与送货上门相比，智能储物柜更可靠，因为它们减少了延迟送货的概率（Demoulin N T M and Djelassi S，2016）。客户只有在包裹准备好配送时，才会收到快递运营商的相关通知。此外，快递自提点还可以减少无人在家接收包裹时的快递配送失败。即使包裹由他人代收，也有可能出现包裹被盗、损坏或丢失的情况。此外，智能储物柜最大限度地减少了人与人之间的互动，从而避免由于人人互动而产生的手动错误、判断错误和知识错误等包裹配送失败情况（Chang H H and Wang H W，2011）。因此，使用智能快递柜可以保持高水平的技术可靠性，从而对无错误的快递配送服务产生积极影响。据此，提出假设：

H1g：顾客的感知可靠性与其接受快递自提点的态度呈正相关。

（7）感知相对优势对态度产生正向作用效应。

感知相对优势是一个比较术语，强调使用创新比其取代的实践更好的程度（Rogers E M，1995）。在技术接受模型中，感知相对优势或感知有用性始终是消费者采用创新的最佳预测因素（Agarwal R and Prasad J，1997；Jeyaraj A，Rottman J W and Lacity M C，2006；Rogers E M，1995）。高水平的感知相对优势意味着创新被视为比基于消费者整体评估的替代方案更好的选择。在这种情况下，理性的消费者会直接形成强烈的采用意愿，因为旧的做法不再是最优的。在此，本研究认为感知相对优势是第二层感知，与态度结构类似，建立在对创新的全面评估基础上，并直接影响消费者的采纳意愿。经验证据还表明，感知相对优势与消费者采用意愿之间存在直接关系（Choudhury V and Karahanna E，2008；Duan Y et al.，2010）。据此，提出假设：

H1h：顾客的感知相对优势与其接受快递自提点的态度呈正相关。

在上述假设中，感知相容性、感知复杂性、感知观察性、感知试用性、感知便利性、感知风险、感知可靠性通过态度对意愿产生影响。通过上述对已有研究的经验总结及相关假设的讨论，本研究构建完整的快递自提点接受意愿的研究框架，见图6-2。

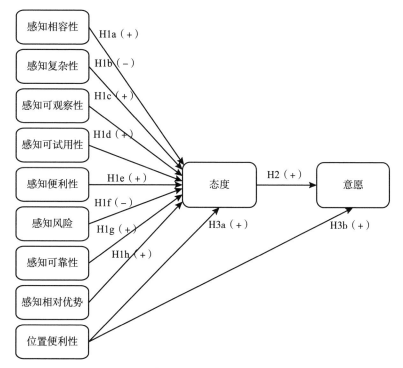

图 6 - 2　快递自提点接受意愿分析框架

6.2　调查问卷设计和调查结果

6.2.1　调查问卷的设计与发放

（1）调查问卷的设计。

研究采用问卷调研手段作为主要的数据收集方法。问卷主要分为三个部分：第一部分是探讨受访者的人口统计特征，包括性别、年龄、教育水平、职业状况和月收入的信息；第二部分是探讨受访者的网购特征,包括网购次数、网购频率、网购产品、取货形式(自提或者送货上门)、取货点所在地区(广州市11个辖区)和所在位置(商品房、写字楼、城中村、工厂、学校等);第三部分为测量题项,探讨受访者对于使用快递自提服务的态度和接受意愿(问卷内容见附录)。

使用五点李克特(Likert)量表测量感知相容性、感知复杂性、感知观察性、感知试用性、感知便利性、感知风险、感知可靠性、感知相对优势、位置便利性以及态度和意愿,其中1完全反对,5表示完全赞成。

问卷的编制基于资源匹配理论、计划行为理论和创新扩散理论的文献综述。问卷中包括11个结构,以测试这些结构是否是消费者使用快递自提点意愿的重要决定因素。题项用来代表每个特征,所有受访者都被要求根据他们对快递自提点使用情况的理解,按照给定的五点Likert量表对每个题项进行评分,见表6-1。

相容性通过四个测量题项反映:消费者的生活(购物)方式、需求和现状。复杂性通过三个测量题项表示:操作过程、消耗经历和时间、学会情况。可观察性通过三个测量题项表示:从别人处学习、向别人传递、观察别人的益处。可试用性通过三个测量题项表示:试用权限、试用自由、试用时间。相对优势通过三个测量题项表示:改善网购体验、时间效益、成本效益。便利性通过三个测量题项表示:取件时间灵活、位置方便易达、操作界面友好。可靠性通过三个测量题项表示:技术可靠、信誉可靠、服务可靠。风险通过三个测量题项表示:个人隐私泄露、个人信息被利用、人身安全受到威胁。位置便利性通过三个题项衡量:物理距离、心理距离、方便位置。态度通过三个测量题项表示:有趣性、有用性、明智性。意愿通过三个测量题项表示：继续使用、向别人推荐、积极的评价。

表 6 - 1　　快递自提点态度和意愿量表的结构、题项和测量项

结构	题项	测量项
感知 相容性	CPA1	我觉得快递自提点收发快递符合我的购物方式（如网购）
	CPA2	我觉得快递自提点收发快递符合我的取件需求
	CPA3	我觉得快递自提点收发快递符合我喜欢的取件方式
	CPA4	我觉得快递自提点收发快递符合我目前情况
感知 复杂性	CPL1	我觉得快递自提点收发快递的操作过程复杂
	CPL2	我觉得快递自提点收发快递消耗大量精力和时间
	CPL3	我觉得学会使用快递自提点收发快递是困难的
感知 观察性	OBS1	通过观察别人，我觉得我可以学会如何使用快递自提点
	OBS2	通过观察别人，我觉得我可以向别人讲解如何使用快递自提点
	OBS3	通过观察别人，我觉得快递自提点收发快递的过程对我来说很清楚
感知 试用性	TRI1	我可以试用快递自提点提供的各种功能
	TRI2	我可以在必要时试用快递自提点
	TRI3	我可以在试用期内充分试用快递自提点的功能
感知相对 优势	RAD1	与送货上门相比，快递自提点收发快递改善我的网购体验
	RAD2	与送货上门相比，快递自提点让我更容易收到快递
	RAD3	与送货上门相比，快递自提点让我更快地收到快递
感知位置	LOC1	快递自提点的位置距离我的住所/工作地很近（300 米以内或步行 3 分钟）
	LOC2	快递自提点位于步行范围内的交通便捷地点
	LOC3	快递自提点位于一个方便的位置
感知 便利性	CON1	快递自提点收发快递的时间自由让我觉得便利
	CON2	快递自提点收发快递的位置可达让我觉得便利
	CON3	快递自提点收发快递的操作简单让我觉得便利
感知 可靠性	REA1	我觉得快递自提点的技术可靠
	REA2	我觉得快递自提点的服务可靠
	REA3	我觉得快递自提点的信誉可靠

续表

结构	题项	测量项
感知风险	RIS1	我担心快递自提点泄露我的个人隐私
	RIS2	我担心快递自提点利用我的个人信息
	RIS3	我担心快递自提点周围的环境会威胁我的人身安全
态度/感知价值	ATT1	我觉得使用快递自提点收发快递是有趣的
	ATT2	我觉得使用快递自提点收发快递是有用的
	ATT3	我觉得使用快递自提点收发快递是明智的
接受意愿	INT1	我打算（继续）将来使用快递自提点收发快递
	INT2	我打算推荐亲戚朋友使用快递自提点收发快递
	INT3	我会向其他人介绍使用快递自提点收发快递的好处

通过网络调研获取定量化数据是学者们采用的一种手段（Chen Y et al.，2018；Zhou M et al.，2020）。鉴于全球肆虐的疫情和国内防控防疫压力以及调研经费压力，本研究参考其他学者做法使用了在线调查网站（www. sojump. com）来帮助搜集研究所需要的数据。根据结构方程模型对数据总量的要求，本研究参考其他学者的研究成果，将调研问卷总量控制在 300 份。在发放问卷之前，对受访者所在地的问卷数量根据区县的人口规模进行规定，以此减少受访人群的过度集中或者无序分布的情况。

数据采集工作从 2021 年 8 月 13 日开始，至 8 月 25 日结束。一共完成 381 份问卷，在剔除无效问卷后共回收 322 份有效问卷。根据有效样本回收结果，回收样本与广州市 11 区县的预计样本数量相差不大。其中，越秀区预计发放 17 份，实际回收 22 份；海珠区预计发放 29 份，实际回收 33 份；天河区预计发放 36 份，实际回收 39 份；荔湾区预计发放 20 份，实际发放 22 份；白云区预计发放 60 份，实际回收 61 份；番禺区预计发放 43 份，实际回收 44 份；黄埔区预计发放 20 份，实际回收 22 份；花都区预计发放 26 份，实际回收 27 份；增城区预计发放 24 份，实际回收 24 份；南沙区预计发放 14 份，实际回收 15 份；从化区预计发放 12 份，实际回收 13 份。

（2）调查结果的描述性统计。

调查结果的样本由 144 名男性和 178 名女性组成。见表 6 - 2，从受访者的年龄分布来看，年龄在 15 ~ 26 岁之间的占比为 41.9%，年龄在 27 ~ 40 岁之间的占比为 52.8%，年龄在 41 ~ 55 岁之间的占比为 5.3%。从受访者的教育程度来看，本科学历占比 65.5%，专科学历占比 22.7%，高中及以下学历占比 7.1%，研究生及以上学历占比 4.7%。从受访者的职业类型来看，私营企业工作者的人数占比为 47.5%，事业单位工作者的人数占比为 15.5%，学生的人数占比为 14.0%，国有企业工作者的人数占比为 9.0%，个体经营者的人数占比为 6.8%，其他、公务员以及暂无就业的人数分别占比为 2.8%、2.5% 和 1.9%。从受访者的月收入来看，月收入 5000 ~ 9999 元的人数占比为 44.7%，月收入小于 5000 元的人数占比为 27.3%，月收入 10000 ~ 19999 元的人数占比为 22.7%，月收入大于 20000 元的人数占比为 5.3%。

表 6 - 2　　　　　　　　　个人信息描述统计分析

指标	分类标准	频数	百分数（%）
性别	男	144	44.7
	女	178	55.3
年龄	15 ~ 26 岁	135	41.9
	27 ~ 40 岁	170	52.8
	41 ~ 55 岁	17	5.3

指标	分类标准	频数	百分数（%）
学历	高中及以下	23	7.1
	专科	73	22.7
	本科	211	65.5
	研究生及以上	15	4.7
职业	公务员	8	2.5
	事业单位	50	15.5
	国有企业	29	9.0
	私营企业	153	47.5
	个体经营	22	6.8
	暂无就业	6	1.9
	学生	45	14.0
	其他	9	2.8
月收入	小于5000元	88	27.3
	5000～9999元	144	44.7
	10000～19999元	73	22.7
	大于20000元	17	5.3

见表6－3，当偏度绝对值小于3、峰度绝对值小于10时，表明样本基本上服从正态分布（Kline R B，1998）。结果显示，各题项的偏度绝对值小于3，峰度绝对值小于10，偏度和峰度满足正态分布的条件，这说明检验量表的题项服从正态分布。问卷所回收的数据可以用于信度和效度检验。

表 6 - 3　　　　　　　　　量表各题项的描述性统计结果

变量	题项	最小值	最大值	平均值	标准偏差	偏度	峰度
感知相容性	CPA1	1	5	3.92	0.882	-0.937	1.035
	CPA2	1	5	4.05	0.947	-1.101	1.035
	CPA3	1	5	3.91	1.035	-0.912	0.370
	CPA4	1	5	3.96	1.028	-1.279	1.421
感知复杂性	CPL1	1	5	3.56	1.070	-0.661	-0.059
	CPL2	1	5	3.48	1.033	-0.496	-0.319
	CPL3	1	5	3.91	1.097	-0.889	0.037
感知观察性	OBS1	1	5	4.11	0.865	-1.382	2.795
	OBS2	1	5	4.17	0.890	-1.442	2.553
	OBS3	1	5	4.08	0.833	-1.200	2.521
感知试用性	TRI1	1	5	4.04	1.070	-1.377	1.395
	TRI2	1	5	3.93	1.064	-1.216	1.115
	TRI3	1	5	3.92	1.113	-1.121	0.758
感知相对优势	RAD1	1	5	3.72	0.991	-0.703	0.212
	RAD2	1	5	3.48	1.106	-0.545	-0.291
	RAD3	1	5	3.39	1.078	-0.303	-0.690
感知位置	LOC1	1	5	3.90	0.932	-0.753	0.237
	LOC2	1	5	3.88	0.977	-0.946	0.625
	LOC3	1	5	4.03	0.938	-1.138	1.189
感知便利性	CON1	1	5	3.87	1.103	-0.959	0.287
	CON2	1	5	3.91	1.049	-1.149	0.967
	CON3	1	5	3.97	0.987	-1.254	1.681
感知可靠性	REA1	1	5	3.79	1.072	-0.950	0.601
	REA2	1	5	3.67	1.081	-0.810	0.312
	REA3	1	5	3.74	1.099	-0.864	0.254
感知风险	RIS1	1	5	3.43	1.237	-0.287	-1.032
	RIS2	1	5	3.31	1.320	-0.293	-1.067
	RIS3	1	5	3.22	1.435	-0.189	-1.369

续表

变量	题项	最小值	最大值	平均值	标准偏差	偏度	峰度
态度	ATT1	1	5	3.59	1.044	-0.621	0.168
	ATT2	1	5	3.83	1.053	-1.095	0.850
	ATT3	1	5	3.70	1.050	-0.810	0.288
意愿	INT1	1	5	4.16	0.931	-1.270	1.452
	INT2	1	5	3.85	0.986	-0.802	0.408
	INT3	1	5	3.87	0.960	-0.742	0.327

6.2.2 量表的信度、效度和验证性因素分析

（1）信度分析。

信度分析（reliability analysis）的作用在于保证模型拟合度的评价和假设检验的有效性，本研究采用克朗巴哈信度系数（Cronbach's α）对调查问卷中的各题项进行一致性程度的检验。学者们认为变量要有良好的信度，则 Cronbach's α 系数大于 0.7（Hair J F et al.，2010）。Cronbach's α 系数检验结果显示，感知相容性、感知可观察性、感知可使用性、感知便利性、感知风险、感知可靠性、感知相对优势、感知位置、意愿、态度的相关检验均符合要求，见表 6-4。首先，这11 个题项的 Cronbach's α 系数分别为 0.887、0.813、0.815、0.837、0.906、0.911、0.883、0.797、0.879、0.860、0.817，均大于 0.7 的标准，表明变量具有良好的内部一致性信度。其次，这 11 个题项的 CITC 均大于 0.5 的标准，表明测量题项符合研究要求。最后，删除任意一题均不会引起删除题项后的 Cronbach's α 值的增加，这也同样表明量表的各题项均具有良好的信度。

表 6 – 4　　　　　　　　　　量表中各题项的信度分析

变量	题项	CITC	删除题项后的 Cronbach's α	α 系数
感知相容性	CPA1	0.781	0.847	0.887
	CPA2	0.751	0.855	
	CPA3	0.763	0.851	
	CPA4	0.726	0.866	
感知复杂性	CPL1	0.632	0.776	0.813
	CPL2	0.699	0.710	
	CPL3	0.663	0.746	
感知可观察性	OBS1	0.705	0.707	0.815
	OBS2	0.693	0.719	
	OBS3	0.606	0.806	
感知可试用性	TRI1	0.666	0.806	0.837
	TRI2	0.752	0.724	
	TRI3	0.684	0.791	
感知便利性	CON1	0.791	0.887	0.906
	CON2	0.856	0.829	
	CON3	0.798	0.880	
感知风险	RIS1	0.792	0.898	0.911
	RIS2	0.871	0.831	
	RIS3	0.813	0.885	
感知可靠性	REA1	0.770	0.837	0.883
	REA2	0.793	0.816	
	REA3	0.756	0.849	
感知相对优势	RAD1	0.576	0.788	0.797
	RAD2	0.742	0.609	
	RAD3	0.615	0.752	
感知位置	LOC1	0.751	0.843	0.879
	LOC2	0.782	0.815	
	LOC3	0.767	0.829	

续表

变量	题项	CITC	删除题项后的 Cronbach's α	α 系数
态度	ATT1	0.744	0.794	0.860
	ATT2	0.766	0.773	
	ATT3	0.694	0.841	
意愿	INT1	0.638	0.779	0.817
	INT2	0.702	0.714	
	INT3	0.669	0.748	

（2）效度分析。

用于问卷的效度检验，检验的工具有内容效度和结构效度（袁方，2013）。其中，内容效度是指题项与所测变量的适合性和逻辑相符性（查爱苹和邱洁威，2016），结构效度是指题项衡量所测变量的能力（蔡莉和尹苗苗，2009）。本研究使用的问卷是基于文献分析构建的变量之间的关系，因而可以认为量表的内容效度是符合研究要求的。结构效度则需要通过收集回来的数据进行探索性因素分析，以此检验量表的结构有效性。

在进行探索性因素分析之前，需要先进行因子分析的可行性检验。这要满足2个条件，即KMO大于0.7和Bartlett球形检验统计值的概率小于0.05。分别对感知量表、态度量表和意愿量表做KMO和Bartlett球形检验，见表6-5。结果显示：第一，感知量表、态度量表和意愿量表的KMO值分别为0.856、0.727和0.712，KMO值均大于0.7的常用标准，显著性水平小于0.05，结果表明Bartlett球形检验值在5%水平上显著；第二，经过正交旋转后，各潜变量的累计方差贡献率分别为78.6%、78.1%和73.2%，均大于50%的常用标准；第三，各测量题项的因子载荷值均大于0.5，表明潜变量具有良好的结构效度。

上述结果说明量表通过了效度检验，满足下一步验证性因子分析的条件。

表6－5　　　　　　　　　　　量表的效度检验结果

潜变量	题项	因子载荷	累计方差贡献率（%）	KMO值	Bartlett 球形检验值及显著性
感知相容性	CPA1	0.85			
	CPA2	0.82			
	CPA3	0.86			
	CPA4	0.77			
感知复杂性	CPL1	0.83			
	CPL2	0.83			
	CPL3	0.77			
感知可观察性	OBS1	0.79			
	OBS2	0.83			
	OBS3	0.74			
感知可试用性	TRI1	0.68	78.6	0.856	5330.933 ***
	TRI2	0.85			
	TRI3	0.79			
感知便利性	CON1	0.85			
	CON2	0.89			
	CON3	0.85			
感知风险	RIS1	0.87			
	RIS2	0.89			
	RIS3	0.84			
感知可靠性	REA1	0.84			
	REA2	0.85			
	REA3	0.83			

续表

潜变量	题项	因子载荷	累计方差贡献率（%）	KMO 值	Bartlett 球形检验值及显著性
感知相对优势	RAD1	0.75			
	RAD2	0.87			
	RAD3	0.84	78.6	0.856	5330.933 ***
感知位置	LOC1	0.85			
	LOC2	0.88			
	LOC3	0.87			
态度	ATT1	0.89			
	ATT2	0.90	78.1	0.727	448.694 ***
	ATT3	0.86			
接受意愿	INT1	0.84			
	INT2	0.88	73.2	0.712	334.883 ***
	INT3	0.86			

注：*** 为在 1% 水平上显著。

（3）量表的验证性因子分析。

分别做模型的拟合度检验、量表的收敛性检验和量表的区别性检验，见图 6 - 3。

使用验证性因子分析做效度检验时，需要对模型的拟合情况进行评价，修正测量模型以提高模型拟合度。模型拟合参数有 χ^2/df、GFI、AGFI、NFI、CFI 和 RMSEA 等指标。见表 6 - 6，模型拟合度检验结果显示，卡方自由度比（χ^2/df）小于 3，GFI、AGFI 大于 0.8，TLI、IFI、CFI 均大于 0.9，RMSEA 小于 0.08。上述拟合指标均符合一般 SEM 研究的标准。因此，本研究构建的一般结构方程模型符合实际数据。

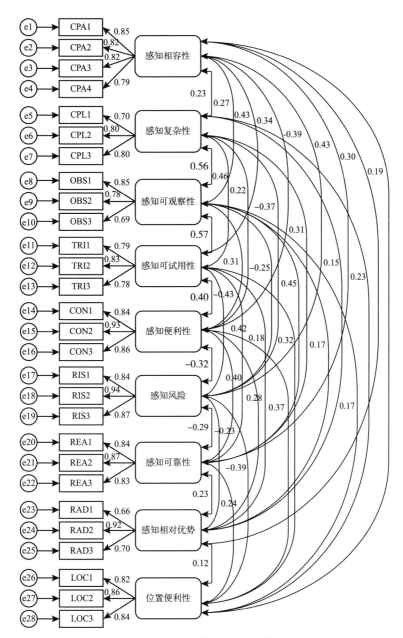

图 6-3 验证性因子分析模型

表 6 - 6   模型拟合度检验的评价标准与评价结果

评价指标	评价标准	测量值	评价结果
χ^2/df	<3 符合, 3 - 5 可接受	1.408	符合
GFI	>0.8 可接受, >0.9 适配良好	0.910	适配良好
AGFI	>0.8 可接受, >0.9 适配良好	0.884	可接受
TLI (NNFI)	>0.9 符合	0.970	符合
IFI	>0.9 符合	0.975	符合
CFI	>0.9 符合	0.975	符合
RMSEA	<0.08 合理, 越小越好	0.036	良好

模型收敛需要满足以下条件（Hair J F et al., 2010；Fornell C and Larcker D F, 1981）：第一，因子载荷量（factor loadings）大于0.7，它是评估每个载荷量是否具有统计显著性的指标；第二，组合信度（composite reliability，CR）大于0.7，它反映构面题项的内部一致性，信度越高，显示这些题项的一致性越高；第三，平均变异提取量（average variance extracted，AVE）大于0.5，AVE值越大，表示题项有越高的信度与收敛效度。

量表的收敛性检验结果显示：第一，各题项标准化因素载荷大于0.5以上，且残差正向且显著，见表6 - 7。第二，感知相容性、感知可观察性、感知可使用性、感知便利性、感知风险、感知可靠性、感知相对优势、感知位置、态度和意愿的组合信度大于0.7，见表6 - 8。第三，平均变异提取量均大于0.5，CR和AVE值均达到收敛效度的标准，说明量表具有良好的收敛性，见表6 - 8。

表 6 - 7　　　　　　　　　题项标准化因子载荷评价结果

结构	题项	标准化因子载荷	评价结果	结构	题项	标准化因子载荷	评价结果
感知复杂性	CPL1	0.704	符合	感知可靠性	REA1	0.842	符合
	CPL2	0.801	符合		REA2	0.870	符合
	CPL3	0.804	符合		REA3	0.826	符合
感知可观察性	OBS1	0.848	符合	感知相对优势	RAD1	0.658	符合
	OBS2	0.784	符合		RAD2	0.925	符合
	OBS3	0.688	符合		RAD3	0.698	符合
感知可试用性	TRI1	0.785	符合	感知位置	LOC1	0.822	符合
	TRI2	0.832	符合		LOC2	0.862	符合
	TRI3	0.776	符合		LOC3	0.842	符合
感知便利性	CON1	0.839	符合	态度	ATT1	0.833	符合
	CON2	0.932	符合		ATT2	0.871	符合
	CON3	0.857	符合		ATT3	0.756	符合
感知风险	RIS1	0.841	符合	接受意愿	INT1	0.721	符合
	RIS2	0.938	符合		INT2	0.829	符合
	RIS3	0.872	符合		INT3	0.770	符合
感知相容性	CPA1	0.845	符合				
	CPA2	0.816	符合				
	CPA3	0.815	符合				
	CPA4	0.791	符合				

表 6 – 8   变量的 CR、AVE 评价结果

指标	评价标准	感知									态度	意愿
		CPA	CPL	OBS	TRI	CON	RIS	REA	RAD	LOC	ATT	INT
CR	>0.7	0.889	0.814	0.819	0.84	0.909	0.915	0.883	0.81	0.88	0.861	0.818
AVE	>0.5	0.668	0.595	0.602	0.637	0.769	0.782	0.716	0.592	0.709	0.675	0.600

区别性检验是验证不同的两个构面之间不相互关联的程度。福内尔和拉尔克（Fornell C and Larcker D F，1981）指出各题项的 AVE 的平方根大于各成对变量（具体指该变量与其同列的所有其他变量）的相关系数时，量表具有明显的区别性。相关系数的取值范围介于 –1 ~ 1 之间，绝对值越大，表明变量之间的相关越为紧密，变量的区别性就越小：当 $|r| = 1$ 时，完全相关；当 $0.70 \leqslant |r| < 0.99$ 时，高度相关；当 $0.40 \leqslant |r| < 0.69$ 时，中度相关；当 $0.10 \leqslant |r| < 0.39$ 时，低度相关；当 $|r| < 0.10$ 时，微弱或无相关。

见表 6 – 9，相关系数结果显示：第一，感知相容性、感知可观察性、感知可使用性、感知便利性、感知风险、感知可靠性、感知相对优势、感知位置与态度的相关系数的 $|r|$ 处于 0.30 ~ 0.69 之间，且 P 值在 1% 水平上显著。第二，感知位置、态度与接受意愿的相关系数的 $|r|$ 处于 0.30 ~ 0.69 之间，且 P 值在 1% 水平上显著。第三，各变量的 AVE 的平方根大于该变量与其同列的所有其他变量的相关系数。结果表明变量之间的区别性明显。

表 6 − 9

变量相关性矩阵和区别效度

变量名称	AVE$^{1/2}$	CPA	CPL	OBS	TRI	CON	RIS	REA	RAD	LOC	ATT	INT
CPA	0.817	1										
CPL	0.771	0.195***	1									
OBS	0.775	0.246***	0.453***	1								
TRI	0.798	0.386***	0.384***	0.481***	1							
CON	0.876	0.316***	0.173***	0.271***	0.354***	1						
RIS	0.884	-0.359***	-0.322***	-0.224***	-0.394***	-0.311***	1					
REA	0.846	0.385***	0.250***	0.400***	0.365***	0.367***	-0.266***	1				
RAD	0.769	0.275***	0.126**	0.156***	0.160***	0.259***	-0.218***	0.199***	1			
LOC	0.842	0.176***	0.181***	0.149***	0.285***	0.339***	-0.352***	0.209***	0.105	1		
ATT	0.675	0.366***	0.310***	0.417***	0.513***	0.533***	-0.451***	0.498***	0.324***	0.411***	1	
INT	0.600	0.368***	0.253***	0.276***	0.318***	0.481***	-0.339***	0.308***	0.266***	0.382***	0.434***	1

注：*** 为在 1% 水平上显著；** 为在 5% 水平上显著；CPA（感知相容性），CPL（感知相对优势），OBS（感知可观察性），TRI（感知可试用性），CON（感知便利性），RIS（感知风险），REA（感知可靠性），RAD（感知复杂性），LOC（感知位置），ATT（态度），INT（接受意愿）。

6.3 感知因素和位置便利性对顾客接受态度和意愿的作用路径检验

较好的模型配适度是 SEM 分析的必要条件。本研究考虑几个重要的统计指标对结构方程模型的配适度评估（张圆刚等，2019），这些评价指标包含 χ^2、χ^2/df、GFI、AGFI、RMSEA、NNFI、IFI 和 CFI 等指标。模型评价与数据拟合程度在综合考虑满足各指标基础上，认为模型与数据拟合度较好。

本研究将感知相容性、感知复杂性、感知可观察性、感知可试用性、感知便利性、感知风险、感知可靠性、感知相对优势、感知位置、态度和接受意愿 11 项结构 34 个题项同时导入结构模型，构建结构方程模型见图 6 - 4。

根据结构方程模型的适配度评价结果（见表 6 - 10），χ^2 和 df 的值分别为 669.573 和 480，χ^2/df 小于 3，GFI、AGFI 大于 0.8，TLI、IFI、CFI 均大于 0.9，RMSEA 小于 0.08，表明该结构方程模型和数据的拟合程度较好。

除感知相容性、感知复杂性和感知可观察性到态度的路径关系的 P 值大于 0.05 之外，感知可试用性、感知便利性、感知风险、感知可靠性、感知相对优势、感知位置到态度的路径关系的 P 值，以及感知位置和态度到意愿的路径关系的 P 值均小于 0.05，说明假设 H1a、H1b、H1c 没有得到支持，而假设 H1d、H1e、H1f、H1g、H1h、H2 和 H3a、H3b 得到支持，见表 6 - 11。

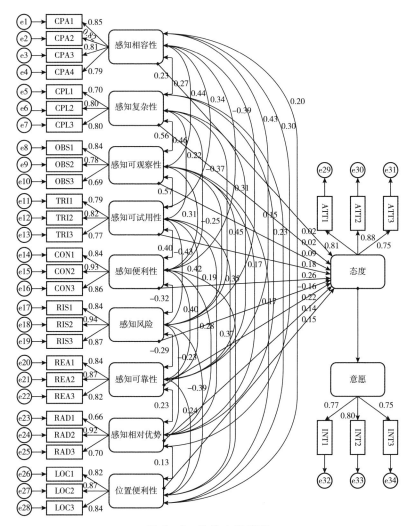

图 6 - 4　结构方程模型

表 6 - 10　　　　　　　　模型拟合度检验标准和结果

评价指标	评价标准	测量值	评价结果
χ^2/df	<3 符合，3 - 5 可接受	1.395	符合
GFI	>0.8 可接受，>0.9 适配良好	0.892	适配良好

续表

评价指标	评价标准	测量值	评价结果
AGFI	>0.8 可接受，>0.9 适配良好	0.866	可接受
TLI（NNFI)	>0.9 符合	0.965	符合
IFI	>0.9 符合	0.970	符合
CFI	>0.9 符合	0.970	符合
RMSEA	<0.08 合理，越小越好	0.035	良好

表 6 – 11　　　　　　　　　　结构方程模型路径系数

路径关系	标准化系数	非标准化系数	标准误差	T 值	是否支持假设
感知相容性→态度	0.018	0.021	0.061	0.336	不支持
感知复杂性→态度	0.022	0.025	0.068	0.365	不支持
感知可观察性→态度	0.094	0.110	0.079	1.383	不支持
感知可试用性→态度	0.183	0.183***	0.068	2.714	支持
感知便利性→态度	0.264	0.242***	0.049	4.947	支持
感知风险→态度	−0.156	−0.127***	0.043	−2.941	支持
感知可靠性→态度	0.224	0.211***	0.052	4.019	支持
感知相对优势→态度	0.142	0.184***	0.062	2.992	支持
态度→意愿	0.461	0.388***	0.06	6.504	支持
位置便利性→态度	0.153	0.170***	0.056	3.030	支持
位置便利性→意愿	0.237	0.222***	0.063	3.541	支持

注：*** 为在1%水平上显著。

通过运用结构方程模型检验感知、位置便利性对态度和意愿之间的直接影响，结果如下：

第一，感知试用性、感知便利性、感知风险、感知可靠性、感知相对优势和位置便利性都直接影响态度，但是感知相容性、感知复杂性和感知观察性对态度没有直接影响。感知试用性、感知便利性、感知可靠性、感知相对优势和位置便利性都正向影响态度，而感知风险负向影响态度。

第二，态度直接影响意愿，且态度正向影响意愿。

第三，位置便利性直接影响意愿，且位置便利性正向影响意愿。

6.4　感知因素和位置便利性对顾客接受意愿的中介作用检验

一般而言，bootstrap 置信区间不包含 0，则对应的间接效应存在（Zhang Z，Zyphur M J and Preacher K J，2009；Preacher K J，Zyphur M J and Zhang Z，2010）。采用 bootstrap 分析工具对态度的中介作用进行检验，见表 6 - 12。结果表明，感知可试用性、感知便利性、感知风险、感知可靠性、感知相对优势、位置便利性通过态度对意愿的间接效应，置信区间内不包含 0，通过了 bootstrap 中介效应检验。但是，感知相容性、感知复杂性和感知观察性通过态度对意愿的间接效应，置信区间内包含 0，没有通过 bootstrap 中介效应检验。

表 6 - 12　　　　　　　　态度的中介效应检验结果

中介路径	间接效应估计值	置信下限	置信上限	效应
感知相容性→态度→接受意愿	—	- 0.050	0.084	不存在
感知复杂性→态度→接受意愿	—	- 0.045	0.076	不存在
感知可观察性→态度→接受意愿	—	- 0.027	0.115	不存在

续表

中介路径	间接效应估计值	置信下限	置信上限	效应
感知可试用性→态度→接受意愿	0.084	0.020	0.160	存在
感知便利性→态度→接受意愿	0.121	0.049	0.212	存在
感知风险→态度→接受意愿	-0.072	-0.129	-0.012	存在
感知可靠性→态度→接受意愿	0.103	0.031	0.184	存在
感知相对优势→态度→接受意愿	0.065	0.016	0.122	存在
位置便利性→态度→接受意愿	0.070	0.007	0.143	存在

6.5　本章小结

在梳理相关研究的基础上，探讨了顾客对快递自提点感知、态度与接受意愿之间的关系，提出了研究的假设，并对量表的内容和结构进行检验，以此验证假设的成立与否，见表 6 - 13。

表 6 - 13　　　　　　　相关假设及检验结果总结

变量关系	假设描述	检验结果
H1：顾客对快递自提点的感知间接地通过态度影响其接受意愿	H1a：顾客的感知相容性与其接受快递自提点的态度呈正相关	不成立
	H1b：顾客的感知复杂性与其接受快递自提点的态度呈负相关	不成立
	H1c：顾客的感知可观察性与其接受快递自提点的态度呈正相关	不成立
	H1d：顾客的感知可试用性与其接受快递自提点的态度呈正相关	成立

变量关系	假设描述	检验结果
H1：顾客对快递自提点的感知间接地通过态度影响其接受意愿	H1e：顾客的感知便利性与其接受快递自提点的态度呈正相关	成立
	H1f：顾客的感知风险与其接受快递自提点的态度呈负相关	成立
	H1g：顾客的感知可靠性与其接受快递自提点的态度呈正相关	成立
	H1h：顾客的感知相对优势与其接受快递自提点的态度呈正相关	成立
H2：顾客对快递自提点的态度正向影响其接受意愿		成立
H3：位置便利性对顾客使用快递自提点的态度和意愿存在正向影响	H3a：位置便利性对顾客使用快递自提点的态度存在正向影响	成立
	H3b：位置便利性对顾客使用快递自提点的意愿存在正向影响	成立

（1）态度与意愿的关系讨论。

通过对 H2 假设的验证，本研究支持态度对接受意愿具有正向的、直接的作用效应的观点。理性行为理论和计划行为理论认为，个人行为是行为意愿的直接结果，而行为意愿又受个人对行为的态度的影响（Fishbein M and Ajzen I，1975）。因此，顾客对快递自提点的信念决定顾客的态度，态度影响顾客使用快递自提点的意愿，意愿影响顾客使用行为，及信念决定态度、态度影响意愿、意愿影响行为。这一观点得到了来自新加坡（Wang X et al.，2018、2019）、泰国（Tsai Y T and Tiwasing P，2021）等实证研究的支持。本研究的实证结果表明，顾客对快递自提点态度对其使用快递自提点的意愿具有正向的直接影响。这一结论与其他研究者的结论相一致，同时也支持了理论分析的观点。

（2）位置与态度和意愿的关系讨论。

通过对 H3a 和 H3b 假设的验证，本研究支持位置便利性对态度和意愿均具有正向直接影响的观点。根据资源匹配理论的观点，如果快递自提点的位置太远或客户难以到达，顾客就会选择替代的便捷服务来完成自提包裹的任务（Anand P and Sternthal B，1990）。因此，位置便利性在讨论顾客满意度和重新购买意愿中具有直接的影响（Jones M A，Mothersbaugh D L and Beatty S E，2003）。位置便利性对消费者使用快递自提服务意愿具有正向影响的观点也在学术界得到讨论，陈远高等（2018）的实证研究支持了这一观点。本研究的实证结果表明，位置便利性对顾客使用快递自提点的态度和意愿具有正向的直接影响。这一结论与其他研究者的结论相一致。

（3）感知因素对态度和意愿的关系讨论。

通过对 H1a～H1h 假设的验证，本研究支持感知对态度具有正向直接影响的观点。前人研究支持了感知相容性（Wang X et al.，2018、2019；Tsai Y T and Tiwasing P，2021）、感知相对优势（Wang X et al.，2018；Tsai Y T and Tiwasing P，2021）、感知试用性（Wang X et al.，2018）、感知便利性（Wang X et al.，2019）、感知可靠性（Wang X et al.，2019）对顾客使用快递自提点的态度具有正向的直接影响，前人研究也支持了感知复杂性（Wang X et al.，2018；Tsai Y T and Tiwasing P，2021）和感知风险（Zhou M et al.，2020）对态度的负向直接影响。但是也有研究否定了感知复杂性对态度的负向直接影响（Yuen K F et al.，2018）。本研究的实证结果不支持感知相容性、感知复杂性和感知观察性对态度具有正向直接影响，但是支持感知可试用性、感知便利性、感知可靠性和感知相对优势对顾客的态度有正向直接影响的观点，同时也支持感知风险对顾客的态度有负向直接影响的观点。

通过对 H1a～H1h 假设的中介效应验证，本研究支持感知因素通过态度对接受意愿具有部分中介作用。前人研究支持了感知相容性、感知复杂性、感知试用性（Wang X et al.，2018；Tsai Y T and Tiwasing P，2021）、感知相对优势（Tsai Y T and Tiwasing P，2021）以及感知便利性、感知风险、感知可靠性（Wang X et al.，2019；Yuen K F et al.，2019）通过态度对接受意愿的中介作用。本研究的实证结果支持了感知试用性、感知便利性、感知风险、感知可靠性、感知相对优势以及位置便利性通过态度对接受意愿的中介作用，但是不支持感知相容性、感知复杂性和感知可观察性的中介作用。

第7章 广州市快递自提点的空间
可达性评价及优化思路

本章讨论广州市快递自提点在现有空间布局下的可达性问题，以回答快递自提点是否方便快捷地提供快递自提服务，在此基础上优化快递自提点区位以提升地区的可达性水平。为此，本章首先根据中心地理论构建广州市快递自提点分布的理论模型，其次讨论实际位置的网点可达性，最后讨论位置的优化方案。

7.1 理论模型与实际位置的步行通达性评价

按慢步 1.0 米/秒的步速，以广州市快递自提点的实际位置为起点做缓冲区分析，绘制时间间隔为一分钟（60 秒，大约 100 米）的步行可达性等时圈。

结果显示，一至五分钟等时圈在城市中心地区连成一片甚至互相重叠，在城市边缘或偏远地区表现为结节区域或者单核状态。广州市快递自提点的实际位置通达性在整体上呈现城市中心高、城市外围地区低的"核心—边缘"结构，同时在局部空间上（例如城市中心地区）也呈现出地区差异。此种结构表明，基于实际位置的网点通达性整体公平性和局部公平性均有待提升。

7.1.1 广州市快递自提点实际位置的局部通达性

对各区等时圈面积作统计分析，结果显示核心区、近郊区和远郊区的通达时间呈现三个梯队差异。

（1）第一梯队的步行通达性很高，通达性等时圈集中在步行一两分钟行程内。

第一梯队位于核心区的越秀区、海珠区、天河区和荔湾区。其等时圈面积占比特点是，五分钟步行行程内等时圈面积（累计面积）占比超过80%，前两分钟行程区等时圈面积（单个面积）占比尤其大，见表7-1。

表7-1　　　　广州市核心区快递自提点的等时圈面积占比　　　　单位：%

行政区划	步行行程区等时圈面积（单个面积）占比						总计
	一分钟	两分钟	三分钟	四分钟	五分钟	>五分钟	
越秀区	48.5	31.8	12.6	4.9	2.0	0.2	100.0
海珠区	36.0	26.7	12.9	8.3	6.1	10.0	100.0
天河区	28.0	24.8	15.2	8.9	5.5	17.5	100.0
荔湾区	29.8	28.5	17.2	10.3	6.1	8.2	100.0
行政区划	步行行程内等时圈面积（累计面积）占比						总计
	一分钟	两分钟	三分钟	四分钟	五分钟	>五分钟	
越秀区	48.5	80.4	93.0	97.8	99.8	48.5	100.0
海珠区	36.0	62.7	75.6	83.9	90.0	36.0	100.0
天河区	28.0	52.8	68.1	77.0	82.5	28.0	100.0
荔湾区	29.8	58.3	75.5	85.8	91.8	29.8	100.0

就越秀区而言，一分钟步行行程区等时圈面积占比为48.5%，两

分钟步行行程区等时圈面积占比下降至31.8%，其后的步行行程区等时圈面积占比持续下降，五分钟步行行程内等时圈面积占比超过99%，而前两分钟步行行程内等时圈面积占比达到80%。就海珠区、天河区和荔湾区而言，一分钟步行行程区等时圈面积占比分别为36.0%、28.0%和29.8%，两分钟步行行程区等时圈面积占比分别降至26.7%、24.8%和28.5%，步行行程区等时圈面积占比在五分钟步行行程内随步行时间递减，五分钟步行行程内等时圈面积分别达到90.0%、82.5%和91.8%，前两分钟步行行程内等时圈面积占比达到50%~60%。

（2）第二梯队的通达性较高，通达性等时圈相对集中在步行两三分钟行程内。

第二梯队位于近郊区的番禺区、白云区和黄埔区。其等时圈面积占比特点是，五分钟步行行程内等时圈面积（累计面积）占比约为40%~50%，两分钟行程区和三分钟行程区等时圈面积占比较大，见表7-2。

表7-2　　　　　广州市近郊区快递自提点的等时圈面积占比　　　　单位：%

行政区划	步行行程区等时圈面积（单个面积）占比						总计
	一分钟	两分钟	三分钟	四分钟	五分钟	>五分钟	
番禺区	9.7	15.1	12.6	10.1	8.3	44.2	100.0
白云区	9.1	12.0	10.1	8.4	7.4	52.9	100.0
黄埔区	6.3	10.0	9.1	7.4	5.8	61.4	100.0
行政区划	步行行程内等时圈面积（累计面积）占比						总计
	一分钟	两分钟	三分钟	四分钟	五分钟	>五分钟	
番禺区	9.7	24.7	37.4	47.5	55.8	9.7	100.0
白云区	9.1	21.1	31.2	39.7	47.1	9.1	100.0
黄埔区	6.3	16.3	25.4	32.8	38.6	6.3	100.0

就番禺区而言，一分钟步行行程区等时圈面积占比为9.7%，两分钟步行行程区和三分钟步行行程区等时圈面积占比分别为15.1%和12.6%，步行行程区等时圈面积占比先上升再下降，五分钟步行行程内等时圈面积占比超过50%，前三分钟步行行程内等时圈面积占比接近40%。就白云区和黄埔区而言，一分钟步行行程区等时圈面积占比较低（分别为9.1%和6.3%），两分钟步行行程区和三分钟步行行程区等时圈面积占比较高（分别为12.0%、10.0%和10.1%、9.1%），步行行程区等时圈面积占比先上升再下降，五分钟步行行程内等时圈面积分别接近50%和40%，前三分钟步行行程内等时圈面积占比接近30%。

（3）第三梯队的通达性低，通达性等时圈通常在五分钟步行行程之外。

第三梯队位于远郊区的花都区、增城区、南沙区和从化区。其等时圈面积占比特点是，五分钟步行行程内等时圈面积（累计面积）占比在30%左右，步行行程区等时圈面积占比较小，见表7-3。就花都区、增城区、南沙区和从化区而言，大于五分钟步行行程区等时圈面积占比超过70%，分别为73.9%、84.2%、68.8%和94.7%，一分钟至五分钟步行行程区等时圈面积占比低于10%，五分钟步行行程内等时圈面积占比低于32%，甚至更低。

表 7-3　　　　　广州市远郊区快递自提点的等时圈面积占比　　　　单位：%

行政区划	步行行程区等时圈面积（单个面积）占比						总计
	一分钟	两分钟	三分钟	四分钟	五分钟	＞五分钟	
花都区	3.6	5.9	6.0	5.6	5.0	73.9	100.0
增城区	1.9	3.4	3.7	3.5	3.4	84.2	100.0

续表

行政区划	步行行程区等时圈面积（单个面积）占比						总计
	一分钟	两分钟	三分钟	四分钟	五分钟	＞五分钟	
南沙区	3.3	6.4	7.2	7.3	7.2	68.8	100.0
从化区	0.5	1.1	1.2	1.3	1.3	94.7	100.0
行政区划	步行行程内等时圈面积（累计面积）占比						总计
	一分钟	两分钟	三分钟	四分钟	五分钟	＞五分钟	
花都区	3.6	9.5	15.6	21.2	26.1	3.6	100.0
增城区	1.9	5.3	9.0	12.5	15.8	1.9	100.0
南沙区	3.3	9.6	16.8	24.1	31.2	3.3	100.0
从化区	0.5	1.6	2.8	4.1	5.3	0.5	100.0

7.1.2　广州市末端配送服务的两种形式的通达性

　　智能柜与快递站是末端配送服务的两种重要形式，本研究分别绘制智能柜和快递站时间间隔为一分钟的步行可达性等时圈，探讨广州市快递自提点通达性的地区差异和类别差异。

　　结果显示，智能柜和快递站一至五分钟等时圈总体上表现出城市中心地区高、城市边缘地区低的"核心—边缘"结构。不仅如此，智能柜与快递站在局部空间上（例如城市中心地区）呈现出地区差异。此外，快递站的步行通达性比智能柜的低，广州市快递自提点通达性呈现出类别差异。此种特征表明，广州市快递自提点提升整体公平性和局部公平性需要同时考虑智能柜和快递站通达性的地区差异和类别差异。

　　进一步比较智能柜和快递站两种末端配送形式在一至五分钟步行行程区等时圈面积特征，揭示智能柜和快递站通达性的地区差异和类别差异。结果如下：

（1）广州市核心区的智能柜步行行程区等时圈面积占比随时间直线递减，快递站步行行程区等时圈面积占比随时间先上升再下降。

广州市核心区智能柜与快递站等时圈特征见图 7－1。

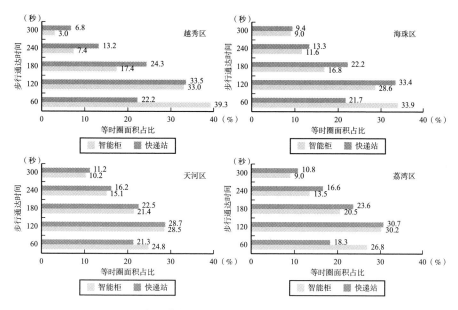

图 7－1　广州市核心区的智能柜与快递站等时圈特征

注：为方便统计计算，这里用"秒"作单位。下同。

位于核心区的越秀区，对于智能柜而言，五分钟以内步行行程区等时圈面积占比分别为 39.3%、33.0%、17.4%、7.4% 和 3.0%，两分钟步行行程内等时圈面积占比达到 72.3%。对于快递站而言，五分钟以内步行行程区等时圈面积占比分别为 22.2%、33.5%、24.3%、13.2% 和 6.8%，两分钟步行行程内等时圈面积占比达到 55.7%。上述结果显示，越秀区的智能柜步行行程区等时圈面积占比随时间直线递减，呈前高后低的"阶梯形"结构，快递站步行行程区等时圈面积占比随时间先上升再下降，呈前高后低的"倒 U 形"结构。此外，智能柜在一分钟步行行程内等时圈面积占比大于快递站的，而在一分钟步行行程外等时圈面积占比小于快递站。

位于核心区的海珠区，对于智能柜而言，五分钟以内步行行程区等时圈面积占比分别为 33.9%、28.6%、16.8%、11.6% 和 9.0%，两分钟步行行程内等时圈面积占比达到 62.5%。对于快递站而言，五分钟以内步行行程区等时圈面积占比分别为 21.7%、33.4%、22.2%、13.3% 和 9.4%，两分钟步行行程内等时圈面积占比达到 55.1%。上述结果显示，核心区的智能柜步行行程区等时圈面积占比随时间直线递减，呈前高后低的"阶梯形"结构，快递站步行行程区等时圈面积占比随时间先上升再下降，呈前高后低的"倒 U 形"结构。此外，智能柜在一分钟步行行程内等时圈面积占比大于快递站的，而在一分钟步行行程外等时圈面积占比小于快递站。

位于核心区的天河区，对于智能柜而言，五分钟以内步行行程区等时圈面积占比分别为 24.8%、28.5%、21.4%、15.1% 和 10.2%，两分钟步行行程内等时圈面积占比达到 53.3%。对于快递站而言，五分钟以内步行行程区等时圈面积占比分别为 21.3%、28.7%、22.5%、16.2% 和 11.2%，两分钟步行行程内等时圈面积占比达到 50.0%。上述结果显示，天河区的智能柜和快递站步行行程区等时圈面积占比随时间先上升再下降，呈前高后低的"倒 U 形"结构。此外，智能柜在一分钟步行行程内等时圈面积占比大于快递站的，而在一分钟步行行程外等时圈面积占比小于快递站。

位于核心区的荔湾区，对于智能柜而言，五分钟以内步行行程区等时圈面积占比分别为 26.8%、30.2%、20.5%、13.5% 和 9.0%，两分钟步行行程内等时圈面积占比达到 57.0%。对于快递站而言，五分钟以内步行行程区等时圈面积占比分别为 18.3%、30.7%、23.6%、

16.6% 和 10.8%，两分钟步行行程内等时圈面积占比达到 49.0%。上述结果显示，荔湾区的智能柜和快递站步行行程区等时圈面积占比随时间先上升再下降，呈前高后低的"倒 U 形"结构。此外，智能柜在一分钟步行行程内等时圈面积占比大于快递站的，而在一分钟步行行程外等时圈面积占比小于快递站。

上述结果表明，第一，智能柜与快递站步行行程区等时圈相似的结构特征，即前高后低，反映智能柜与快递站在核心城区的步行可达性较高。第二，智能柜与快递站的末端配送服务空间互补，智能柜主要解决一分钟步行行程内的末端配送服务，快递站主要解决大于一分钟步行行程区的末端配送服务。

（2）广州市近郊区的智能柜与快递站步行行程区等时圈面积占比随时间先上升再下降。

广州市近郊区智能柜与快递站等时圈特征见图 7-2。

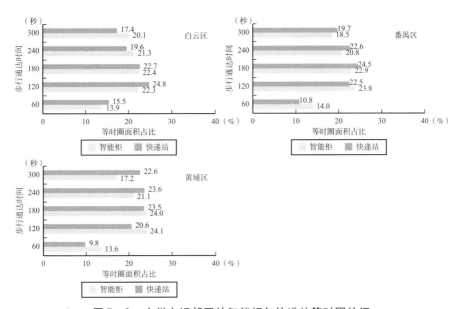

图 7-2　广州市近郊区的智能柜与快递站等时圈特征

位于近郊区的白云区，对于智能柜而言，五分钟以内步行行程区等时圈面积占比分别为13.9%、22.3%、22.4%、21.3%和20.1%，两分钟步行行程内等时圈面积占比达到36.2%。对于快递站而言，五分钟以内步行行程区等时圈面积占比分别为15.5%、24.8%、22.7%、19.6%和17.4%，两分钟步行行程内等时圈面积占比达到40.4%。上述结果显示，一方面，智能柜与快递站步行行程区等时圈面积占比随时间先上升再下降，呈前低后高的"倒U形"结构。另一方面，智能柜在三分钟步行行程内的等时圈面积占比小于快递站的，而在三分钟步行行程区外的等时圈面积占比大于快递站。

位于近郊区的番禺区，对于智能柜而言，五分钟以内步行行程区等时圈面积占比分别为14.0%、23.8%、22.9%、20.8%和18.5%，两分钟步行行程内等时圈面积占比达到37.8%。对于快递站而言，五分钟以内步行行程区等时圈面积占比分别为10.8%、22.5%、24.5%、22.6%和19.7%，两分钟步行行程内等时圈面积占比达到33.3%。上述结果显示，一方面，智能柜与快递站步行行程区等时圈面积占比随时间先上升再下降，呈前低后高的"倒U形"结构。另一方面，智能柜在两分钟步行行程内等时圈面积占比大于快递站的，而在两分钟步行行程外等时圈面积占比小于快递站。

位于近郊区的黄埔区，对于智能柜而言，五分钟以内步行行程区等时圈面积占比分别为13.6%、24.1%、24.0%、21.1%和17.2%，两分钟步行行程内等时圈面积占比达到37.7%。对于快递站而言，五分钟以内步行行程区等时圈面积占比分别为9.8%、20.6%、23.5%、23.6%和22.6%，两分钟步行行程内等时圈面积占比达到30.4%。上述结果显示，一方面，智能柜与快递站步行行程区等时圈面积占比随时间先上升再下降，呈前低后高的"倒U形"结构。另一方面，智能柜在两分钟步行行程内等时圈面积占比大于快递站的，而在两分钟步行行程外等时圈面积占比小于快递站。

综上所述：第一，智能柜与快递站步行行程区等时圈相似的结构特征，即前低后高，反映智能柜与快递站在近郊区的步行可达性较核心区的低。第二，智能柜与快递站在五分钟步行行程内等时圈面积占比相当，反映智能柜与快递站的末端配送服务空间在近郊区空间交叠。

（3）广州市远郊区的智能柜与快递站步行行程区等时圈面积占比随时间先上升再下降。

广州市远郊区智能柜与快递站等时圈特征见图 7 - 3。

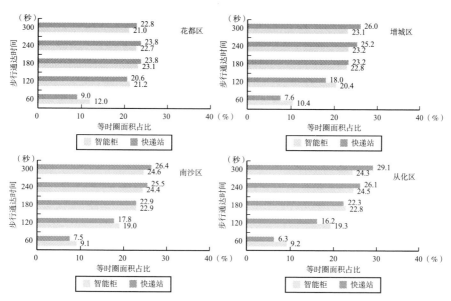

图 7 - 3　广州市远郊区的智能柜与快递站等时圈特征

位于远郊区的花都区，对于智能柜而言，五分钟以内步行行程区等时圈面积占比分别为 12.0%、21.2%、23.1%、22.7% 和 21.0%，两分钟步行行程内等时圈面积占比达到 33.2%。对于快递站而言，五分钟以内步行行程区等时圈面积占比分别为9.0%、20.6%、23.8%、23.8%和22.8%，两分钟步行行程内等时圈面积占比达到29.6%。上述结果显示，一方面，智能柜与快递站步行行程区等时圈面积占比随时间上升，呈前低后高的"阶梯形"结构。另一方面，智能柜在两分钟步行行程内等时圈面积占比稍大于快递站的，而在两分钟步行行程外等时圈面积占比稍小于快递站。

位于远郊区的增城区，对于智能柜而言，五分钟以内步行行程区等时圈面积占比分别为10.4%、20.4%、22.8%、23.2%和23.1%，两分钟步行行程内等时圈面积占比达到30.8%。对于快递站而言，五分钟以内步行行程区等时圈面积占比分别为7.6%、18.0%、23.2%、25.2%和26.0%，两分钟步行行程内等时圈面积占比达到25.6%。上述结果显示，一方面，智能柜与快递站步行行程区等时圈面积占比随时间上升，呈前低后高的"阶梯形"结构。另一方面，智能柜在两分钟步行行程内等时圈面积占比稍大于快递站的，而在两分钟步行行程外等时圈面积占比稍小于快递站。

位于远郊区的南沙区，对于智能柜而言，五分钟以内步行行程区等时圈面积占比分别为9.1%、19.0%、22.9%、24.4%和24.6%，两分钟步行行程内等时圈面积占比达到28.0%。对于快递站而言，五分钟以内步行行程区等时圈面积占比分别为7.5%、17.8%、22.9%、25.5%和26.4%，两分钟步行行程内等时圈面积占比达到25.2%。上述结果显示，一方面，智能柜与快递站步行行程区等时圈面积占比随时间上升，呈前低后高的"阶梯形"结构。另一方面，智能柜在三分钟步行行程内等时圈面积占比稍大于快递站的，而在三分钟步行行程外等时圈面积占比稍小于快递站。

位于远郊区的从化区，对于智能柜而言，一分钟至五分钟步行行程区等时圈面积占比分别为 9.2%、19.3%、22.8%、24.5% 和 24.3%，两分钟步行行程内等时圈面积占比达到28.4%。对于快递站而言，一分钟至五分钟步行行程区等时圈面积占比分别为 6.3%、16.2%、22.3%、26.1% 和29.1%，两分钟步行行程内等时圈面积占比达到22.5%。上述结果显示，一方面，智能柜与快递站步行行程区等时圈面积占比随时间上升，呈前低后高的"阶梯形"结构。另一方面，智能柜在三分钟步行行程内等时圈面积占比稍大于快递站的，而在三分钟步行行程外等时圈面积占比稍小于快递站。

综上所述，第一，智能柜与快递站步行行程区等时圈相似的结构特征，即前低后高，反映智能柜与快递站在远郊区的步行可达性较核心区的低。第二，智能柜与快递站在五分钟步行行程内等时圈面积占比相当，反映智能柜与快递站的末端配送服务空间在近郊区空间交叠。

7.1.3　广州市快递自提点潜在用户的空间特征

通达性等时圈的一个实用场景是分析快递自提点与城市其他 POI 之间的关系。POI 代表城市人文活动现象，在一定程度上表征快递自提点的潜在使用者，是快递自提点目标场所。网点步行通达圈内 POI 的数量越多，种类越丰富，快递自提点的潜在使用者越多。本节采用城市 POI 数据，分析其空间分布特征及与快递自提点之间的关系，解析快递自提点潜在使用者的空间分布特征。

百度地图分门别类地记载 POI 位置点的属性信息。本研究获取的广州市 1159430 个 POI 位置点归属为 14 类百度地图一级标签，分别是餐饮服务、公共设施、公司企业、购物服务、机关团体、交通设施、金融保险、科教文化、商务住宅、生活服务、体育休闲、通行设施、医疗保健和住宿服务，见表 7-4。其中，购物服务的 POI 位置点数量最多，占 POI 位置点总数量 28.9%，其次是公司企业的 POI 位置点，占 POI 位置点总数量 14.4%，之后是生活服务和餐饮服务的 POI 位置点，占 POI 位置点总数量 14.1%，其余数量较多的 POI 位置点为交通设施、科教文化、通行设施、商务住宅、机关团体等，占 POI 位置点总数量 3.1%～5.1%，公共设施、金融保险、体育休闲、医疗保健和住宿服务 POI 位置点数量占 POI 位置点总数量不足 3%。

表 7-4　　　　　　　　广州市 POI 标签分类及数量分布

POI 标签一级分类	POI 标签二级分类（个）	POI 数量（个）	POI 数量占比（%）
餐饮服务	餐饮相关场所（43142）、茶艺馆（1140）、糕饼店（3920）、咖啡厅（2135）、快餐厅（27090）、冷饮店（5587）、甜品店（1346）、外国餐厅（4156）、休闲餐饮场所（278）、中餐厅（74807）	163601	14.1
公共设施	报刊亭（1330）、公共厕所（7159）、公共设施（461）、公用电话（172）、紧急避难场所（802）	9924	0.9
公司企业	产业园区（4075）、工厂（9088）、公司企业（152938）、农林牧渔基地（1434）	167535	14.4
购物服务	便民商店/便利店（36221）、超级市场（8877）、服装鞋帽皮具店（30391）、个人用品/化妆品店（3183）、购物相关场所（79217）、花鸟鱼虫市场（4776）、家电电子卖场（17076）、家居建材市场（53985）、商场（1869）、特色商业街（553）、特殊买卖场所（205）、体育用品店（1744）、文化用品店（2284）、专卖店（77598）、综合市场（16595）	334574	28.9
机关团体	工商税务机构（478）、公检法机构（5016）、交通车辆管理（919）、民主党派（67）、社会团体（6689）、外国机构（103）、政府机关（18965）、政府及社会团体相关（4059）	36296	3.1

续表

POI 标签 一级分类	POI 标签 二级分类（个）	POI 数量 （个）	POI 数量 占比（%）
交通设施	班车站（1）、出租车（2）、地铁站（999）、港口码头（242）、公交车站（8864）、火车站（368）、机场相关（75）、交通服务相关（1382）、轮渡站（12）、停车场（46937）、长途汽车站（104）	58986	5.1
金融保险	保险公司（779）、财务公司（101）、金融保险服务机构（4323）、银行（2940）、银行相关（101）、证券公司（318）、自动提款机（3750）	12312	1.1
科教文化	博物馆（121）、传媒机构（1234）、档案馆（51）、会展中心（240）、驾校（1290）、科技馆（47）、科教文化场所（21814）、科研机构（2317）、美术馆（145）、培训机构（14900）、天文馆（5）、图书馆（347）、文化宫（787）、文艺团体（179）、学校（8529）、展览馆（336）	52342	4.5
商务住宅	楼宇（8040）、商务住宅相关（10648）、住宅区（17665）	36353	3.1
生活服务	搬家公司（143）、彩票彩券销售点（3299）、电力营业厅（104）、电讯营业厅（3434）、共享设备（41288）、旅行社（1053）、美容美发店（33798）、人才市场（437）、丧葬设施（133）、摄影冲印店（4028）、生活服务场所（52476）、事务所（1119）、售票处（921）、维修站点（7392）、洗衣店（1302）、洗浴推拿场所（5329）、信息咨询中心（175）、婴儿服务场所（376）、中介机构（6806）、自来水营业厅（27）	163640	14.1
体育休闲	度假疗养场所（492）、高尔夫相关（56）、体育休闲服务场所（4286）、休闲场所（2515）、影剧院（490）、娱乐场所（5878）、运动场馆（5168）	18885	1.6
通行设施	建筑物门（7128）、临街院门（39591）、特殊通道（23）、通行设施（982）、虚拟门（7）	47731	4.1
医疗保健	动物医疗场所（615）、急救中心（50）、疾病预防机构（86）、医疗保健服务场所（8085）、医药保健销售店（11262）、诊所（2970）、专科医院（2194）、综合医院（2129）	27391	2.4
住宿服务	宾馆酒店（6145）、旅馆招待所（7231）、住宿服务相关（16484）	29860	2.6
总计		1159430	100.0

根据文献，快递自提点空间分布与发展特征因素、功能分区因素（土地利用类型、工商企业个体数、居民用地和工业用地等）、建成环境因素、人口特征因素等具有密切关系。在上述 14 种 POI 类型中，生活服务 POI、公共设施 POI 与公司企业 POI 分别与居民的生活和生产活动以及城市的公共生活关系比较密切，在一定程度上能够衡量城市功能分区的要求。此外，购物服务 POI、商务住宅 POI 和通行设施 POI 分别代表商业活跃、居住和商务活动以及通道出入口等位置。因此，本研究对这几类 POI 所表征的潜在使用者进行分析。

7.1.3.1　不同类型目标场所 POI 的数量等级和空间集聚类型

按方格网为统计单元，将方形格网按照餐饮服务 POI 位置点数量多寡，划分为三个等级格网，第 I 级格网中 POI 数量最多，第 II 级格网中 POI 数量居中，第 III 级格网中 POI 数量最少。结果显示：

（1）生活服务 POI 位置点数量占 POI 总数量的 14.1%，是一类数量相对较多的 POI 类型。第 I 级格网，在中心城区、近郊区和远郊区城市中心呈现局部集中的大分散格局。第 II 级格网，围绕第 I 级格网的周边形成集中连片分布的格局。聚类与异常值分析结果显示，生活服务 POI 位置点在中心城区呈现显著的空间聚集特征，高高聚集区域接连成片。在近郊区呈现集中成片的高高聚集区域。上述结果表明，生活服务 POI 的空间集聚特征显著，是一种广泛分布的 POI 类型。

（2）公共设施 POI 位置点数量占 POI 总数量的 0.9%。第 I 级格网，主要分布在广州市核心城区，且呈现集中分布的格局，但是在近郊区和远郊区城市中心地区，呈现少量、零星散布的分布格局。第 II 级格网，围绕第 I 级格网的周边形成集中连片分布的格局。聚类与异常值分析结果显示，公共设施 POI 位置点在中心城区呈现显著的空间聚集特征，高高聚集区域接连成片。在近郊区呈现零星散布的高高聚集区域。上述结果表明，公共设施 POI 的空间聚集特征明显，尤其是在中心城区。

（3）公司企业 POI 位置点数量占 POI 总数量的 14.4%，是一类数量较多的 POI 数据。第 I 级格网，主要分布在广州市核心城区，且呈现集中分布的格局，但是在近郊区和远郊区城市中心地区，呈现少量、零星散布的分布格局。第 II 级格网，围绕第 I 级格网的周边形成集中连片分布的格局。聚类与异常值分析结果显示，公司企业 POI 位置点在中心城区呈现显著的空间聚集特征，高高聚集区域接连成片。在近郊区呈现数个集中成片的高高聚集区域。上述结果表明，公司企业 POI 在较广阔空间范围内聚集。

（4）购物服务 POI 位置点数量占 POI 总数量的 28.9%。第 I 级格网，主要分布在广州市核心城区，在越秀区与天河区邻接地区以及海珠区部分地区呈现连片集中分布的格局，而在中心城区的其他地区、近郊区和远郊区城市中心地区，呈现少量、零星散布的分布格局。第 II 级格网，围绕第 I 级格网的周边形成集中连片分布的格局。聚类与异常值分析结果显示，购物服务 POI 位置点在中心城区呈现显著的空间聚集特征，高高聚集区域接连成片。在近郊区呈现零星散布的高高聚集区域。上述结果表明，购物服务 POI 的空间聚集特征显著，尤其是在城市空间的某些特定区域。

（5）商务住宅 POI 位置点数量占 POI 总数量的 3.1%，是一类数量相对较少的 POI 类型。第 I 级格网，主要分布在广州市中心城区，在越秀区呈现连片集中分布的格局，在其他中心城区、近郊区和远郊区城市中心地区呈现零星集中的分布格局。第 II 级格网，围绕第 I 级格网的周边形成集中连片分布的格局。聚类与异常值分析结果显示，商务住宅POI位置点在中心城区呈现显著的空间聚集特征，高高聚集区域接连成片。在近郊区呈现集中成片的高高聚集区域。上述结果表明，商务住宅POI的空间聚集特征显著，是一种广泛分布的POI类型。

（6）通行设施POI位置点数量占POI总数量的4.1%，是一类数量相对较多的POI类型。第Ⅰ级格网，主要分布在广州市中心城区，在越秀区、荔湾区天河区与海珠区呈现连片集中分布的格局，在近郊区和远郊区城市中心地区呈现连片集中的分布格局。第Ⅱ级格网，围绕第Ⅰ级格网的周边形成集中连片分布的格局。聚类与异常值分析结果显示，通行设施POI位置点在中心城区呈现显著的空间聚集特征，高高聚集区域接连成片。在近郊区呈现连片集中的高高聚集形态。上述结果表明，通行设施POI的空间聚集特征显著，是一种广泛分布的POI类型。

7.1.3.2 通达性等时圈内目标场所的POI数量关系

以自提点步行通达性等时圈为单元，统计落入五分钟以内等时圈和五分钟以外等时圈的POI数量。结果显示，快递自提点一分钟步行等时圈覆盖超过POI位置点总数量的半数以上，达到57.9%，两分钟步行等时圈内POI位置点累计占比85.7%，见表7-5。这表明，两分钟行程内快递自提点可以到达大部分的POI位置点。快递自提点覆盖目标场所较多，距离目标场所较近，意味着使用快递自提点的潜在末端客户人群可能较多。

表 7 – 5   快递自提点通达性等时圈内不同目标场所的 POI 数量占比   单位：%

POI 标签类型	一分钟	两分钟	三分钟	四分钟	五分钟	＞五分钟	两分钟内数量累计
生活服务	48.1	26.2	8.4	4.1	2.2	11.0	74.3
公共设施	59.8	24.7	7.2	2.2	1.1	4.9	84.5
公司企业	61.3	26.4	7.0	2.5	1.0	1.7	87.7
购物服务	51.3	30.8	10.0	3.8	1.6	2.5	82.1
商务住宅	52.4	27.9	9.7	4.0	1.8	4.1	80.3
通行设施	61.7	23.5	7.0	2.7	1.4	3.7	85.2
总体	57.9	27.8	7.9	2.7	1.1	2.5	85.7

在 6 种 POI 类型中，快递自提点两分钟即可到达 80% 以上的公共设施、公司企业、购物服务、商务住宅和通行设施五种目标场所，到达生活服务场所的总数量较低（74.3%）。购物服务、公司企业两种类型 POI 数量规模较大，且对快递这种取收货方式的需求较大，是使用快递自提点潜力较大的目标市场。例如，公司企业 POI 数量 16.7 万个，而公司企业之间以快递收发函件的数量规模巨大，对快递自提业务的需求量大。购物服务场所对线上购物线下取货的需求也比较大，它们对末端配送服务的需要比较强烈，例如送货上门或将包裹配送到指定的取货地点。

7.1.3.3   网点通达性等时圈等级与 POI 密度等级的叠加空间类型

现实中，快递自提点通达性比较高的地区，目标场所 POI 的密度也比较大，但有些地区目标场所的 POI 密度较小。研究者希望二者能够达到较好的契合度，以实现快递自提点高效运用目的。

空间叠加分析的技术设定如下：首先将通达性等时圈和 POI 核密度划分等级由高到低的第 I 级（两分钟以内）、第 II 级（两至五分钟）和第 III 级（超过五分钟），其次将二者叠加分析的结果映射在格网化空间并分门别类（重叠空间、错位空间和其他空间），最后统计与可视化不同类型的结果。

见图 7-4，叠加空间的分类标准如下：第一，网点通达性等时圈与 POI 核密度等级相同的情况为重叠空间。第二，错位空间为通达性等时圈与 POI 核密度等级不相同的情况，通达性等级高低可以细分为通达性错位空间与 POI 错位空间两种类型，其中通达性等时圈等级低于 POI 核密度等级的情况归类为可达性错位空间，通达性等时圈等级高于 POI 核密度等级的情况归类为 POI 错位空间。第三，本研究关注

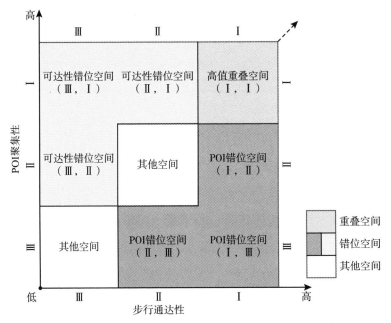

图 7-4　通达性等时圈与 POI 密度的叠加空间类型划分标准

两类空间的高值重叠区域，因此将重叠空间中的网点通达性等时圈与 POI 核密度等级同为第Ⅰ级的情况归类为重叠空间，将通达性等时圈与 POI 核密度等级同为第Ⅱ级和第Ⅲ级的情况归类为其他空间。

（1）生活服务集聚与网点通达性高的重叠空间较多，这样的空间集中在城市中心的部分空间。核心区的重叠空间的形态呈现片状聚集，近郊区的重叠空间呈现块状，而远郊区的重叠空间呈现点状聚集的特征。

生活服务 POI 密集的地区与快递自提点通达性高的地区，出现空间重合的范围较大，占比达到 1.1%，见表 7-6。这意味着，快递自提点在两分钟之内可以到达的生活服务场所比较多。表 7-7 显示，位于近郊区的白云区的生活服务 POI 重叠空间的范围最大，占比超过 20%。位于核心区的天河区、海珠区和越秀区的范围较大，占比在 12%～19%之间。在此之外的核心区、近郊区和远郊区的辖区的重叠空间范围很小，占比均在 10%以下。

表 7-6　　　　通达性等时圈与 POI 密度的叠加空间类型

在市域层面的数量统计　　　　　　单位：%

POI 类型	重叠空间占比	错位空间占比	其他空间占比
生活服务 POI	1.1	23.1	76.9
公共设施 POI	0.2	24.1	75.9
公司企业 POI	1.2	21.5	78.5
购物服务 POI	0.8	23.2	76.8
商务住宅 POI	0.5	23.9	76.1
通行设施 POI	1.8	21.2	78.8

表 7－7　　　　　　通达性等时圈与 POI 密度的叠加空间类型

在区县层面的数量统计　　　　　　单位：%

重叠空间		生活服务POI	公共设施POI	公司企业POI	购物服务POI	商务住宅POI	通行设施POI
核心区	越秀区	12.1	32.4	16.1	15.4	27.5	16.2
	海珠区	15.6	16.2	11.9	13.8	12.5	18.0
	天河区	18.7	23.5	23.8	11.3	26.3	21.7
	荔湾区	5.7	10.3	5.0	12.1	8.1	9.7
近郊区	白云区	20.3	7.4	21.1	15.4	8.8	17.8
	番禺区	9.8	4.4	12.7	11.3	11.9	7.6
	黄埔区	2.2	1.5	4.2	2.8	0.0	1.9
远郊区	花都区	7.3	2.9	2.5	9.3	3.1	5.9
	增城区	5.4	1.5	2.5	5.7	0.0	0.4
	南沙区	0.6	0.0	0.3	0.4	1.3	0.4
	从化区	2.2	0.0	0.0	2.4	0.6	0.4

（2）公共设施集聚与网点通达性高的重叠空间少，这样的空间集中在广州市核心区的部分空间。这样的地区在空间上集中在广州市核心区的部分区域。核心区的重叠空间的形态呈现块片状聚集的特征。

表 7－6 中，公共设施 POI 密集的地区与快递自提点通达性高的地区，出现空间重合的范围较小，占比为 0.2%。这意味着快递自提点在两分钟之内可以到达的公共设施相对较少。表 7－7 显示，位于核心区的越秀区的重叠空间范围最大，占比超过 30%。其次是位于核心区的天河区，占比超过 20%。海珠区和荔湾区的重叠空间的范围较小，占比在 10%～16% 之间。在此之外的近郊区和远郊区的辖区的重叠空间范围很小，占比在 10% 以下。

（3）公司企业集聚与网点通达性高的重叠空间较多，这样的空间

集中在广州市核心区和近郊区的部分空间。这样的地区在空间上主要
集中在广州市的核心区和近郊区空间。核心区的重叠空间的形态呈现
片状聚集，而近郊区的重叠空间呈现块状聚集的特征。

表 7 - 6 中，公司企业 POI 密集的地区与快递自提点通达性高的
地区，出现空间重合的范围较多，占比为 1.2%。这意味着快递自提
点在两分钟之内可以到达的公司企业相对较多。表 7 - 7 显示，位于
核心区的天河区和近郊区的白云区的重叠空间范围最大，占比超过
20%，位于核心区的越秀区和海珠区以及近郊区的番禺区的重叠空间
范围较大，占比在 12% ~ 16% 之间。在此之外的其他地区的重叠空间
范围小，占比在 5% 以下。

（4）购物服务集聚与网点通达性高的重叠空间较少，这样的空间
集中在广州市核心区和近郊区的部分空间。这样的地区在空间上主要
集中在广州市的核心区和近郊区空间。核心区的重叠空间的形态呈现
片状聚集，而近郊区的重叠空间呈现点状聚集的特征。

表 7 - 6 中，购物服务 POI 密集的地区与快递自提点通达性高的
地区，出现空间重合的范围较少，占比为 0.8%。这意味着快递自提
点在两分钟之内可以到达的购物服务场所相对较少。表 7 - 7 显示，
位于核心区的越秀区、海珠区、荔湾区与天河区和近郊区的白云区与
番禺区的重叠空间范围相当，占比在 11% ~ 15% 之间。在此之外的其
他地区的重叠空间范围小，占比均在 10% 以下。

（5）商务住宅集聚与网点通达性高的重叠空间较少，这样的空间
集中在广州市核心区的部分空间。这样的地区在空间上主要集中在广
州市的核心区的部分空间。核心区的重叠空间的形态呈现片状聚集。

表 7 - 6 中，商务住宅密集的地区与快递自提点通达性高的地区，
出现空间重合的范围较少，占比为 0.5%。这意味着快递自提点在两

分钟之内可以到达的商务住宅相对较少。表7-7显示，位于核心区的越秀区与天河区的重叠空间范围最大，占比在26%~28%之间。位于核心区的海珠区和近郊区的番禺区的重叠空间的范围较大，占比在12%~13%之间。在此之外的其他地区的重叠空间范围小，占比均在10%以下。

（6）通行设施集聚与网点通达性高的重叠空间较多，这样的空间集中在广州市核心区和近郊区与远郊区的部分空间。表7-6中，通行设施POI密集的地区与快递自提点通达性高的地区，出现空间重合的范围较少，占比为1.8%。这意味着快递自提点在两分钟之内可以到达的通行设施相对较多。

这样的地区在空间上主要集中在广州市的核心区和近郊区与远郊区的部分空间。核心区的重叠空间的形态呈现片状聚集，近郊区与远郊区的重叠空间呈现块状聚集的特征。表7-7显示，位于核心区的天河区的重叠空间范围最大，占比超过20%，位于核心区的海珠区、越秀区和近郊区的白云区的重叠空间范围较大，占比在16%~18%之间。在此之外的其他地区的重叠空间范围小，占比均在10%以下。

7.2 基于中心地理论的网点分布理论模型

根据中心地理论构建广州市快递自提点的理论模型，比较实际位置与理论位置的差别。一方面回答评价广州市快递自提点的布局现状与理论模型是否匹配的科学问题，另一方面找到市场原则下广州市快递自提点的最优布局区位。这对于丰富末端配送的理论研究以及实践问题具有重要的参考价值。

为了实现上述构想，本研究首先确定广州市快递自提点的理论位置；其次评估广州市快递自提点的布局现状与理论模型的差别问题；最后提出优化广州市快递自提点的布局区位。本研究采用 ArcGIS 空间叠加分析技术，构建中心地理论原则下的六边形模型。步骤如下：

（1）构建基于中心地理论的六边形网络结构。在此之前，需要确定中心地网络的边长。随着中国末端配送行业的飞速发展，"最后一公里"概念不能匹配中国末端配送现状，最后 100 米和最后 50 米概念应运而生（Xiao Z et al.，2017）。此外，ArcGIS 平均最近邻距离方法估计结果显示，广州市中心城区内的快递自提点的最近邻距离为 52.99 米。基于上述两点考虑，本研究以 50 米为边长构建广州市中心城区范围内的六边形网络结构，得到了中心地等级由小到大的五级市场区域，即 M 级区域（边长为 50 米）、A 级区域（边长为 87 米）、K 级区域（边长为 150 米）、B 级区域（边长为 260 米）和 G 级区域（边长为 450 米）。经过变换后，得到初始六边形格网。

（2）寻找相对匹配的坐标原点。由于初始的六边形网络结构与广州市快递自提点的现状布局差异较大，因此需要寻找一个相对匹配的实际位置作为中心地网络的坐标原点。经过寻找，位于海珠区万丰花园的一处智能柜与周边的快递自提点构成一组相对完美的中心地结构。因此，将第一步得到的初始六边形网络结构移动位置，进行空间匹配。

（3）构建快递自提点的理论模型。经过第二步的空间匹配，得到一个以坐标原点为标准的六边形网络结构。经过反复比较 M 级区域（边长为 50 米）、A 级区域（边长为 87 米）、K 级区域（边长为 150 米）、B 级区域（边长为 260 米）和 G 级区域（边长为 450 米）中的理论位置与广州市快递自提点的实际位置之后发现，M 级区域、K 级区域、B 级区域和 G 级区域均与实际位置表现出较大差异。只有 A 级区域比较符合目前广州市快递自提点的实际位置。至此，本研究构建以坐标原点（海珠区万丰花园的智能柜）为标准的 A 级中心地结构，以此作为广州市快递自提点理想分布的理论模型。

需要注意的是，第一，广州市快递自提点的实际位置之间的距离在某些区域间隔比较大，已经超过了 G 级区域（边长为 450 米）理论模型的范围。第二，坐标原点并不唯一，A 级区域的边长也可以不是 87 米。第三，广州市快递自提点位置分布的理论模型并不涉及位置的等级情况。

因此，在现实应用中，可以考虑采用多种中心地结构相结合的方式优化广州市快递自提点的布局。在某些区域采用网点比较密集的 M 级区域（边长 50 米）六边形结构，而在另一些地区采用格网比较稀疏的 K 级区域（边长为 150 米）、B 级区域（边长为 260 米）和 G 级区域（边长为 450 米）的六边形结构，这样既能最大程度上保证公平性，又能降低布局成本。

7.3　广州市快递自提点的空间位置优化

基于实际位置的通达性等时圈分析结果表明，广州市快递自提点的步行通达性在城市的不同地区差异显著，末端配送服务的公平性有待进一步提升。但是如何进一步提升广州市末端配送服务公平性和便利性呢？以中心地理论为基础构建的理论模型为优化广州市快递自提点布局提供思路。

前文分析显示，广州市快递自提点的实际位置可以采用以坐标原点（海珠区万丰花园的智能柜）为标准的 A 级中心地结构作为其理想分布的理论模型。研究表明，在中心地结构网络的节点布置若干个快递自提点可以提升网点覆盖的公平性和便利性水平。本节在 A 级区域（边长为 87 米）理论模型的基础上，在六边形结构的顶点位置新增若干个快递自提点，最终形成广州市快递自提点布局新格局。经过网点布局优化，快递自提点数量合理增加，将提升全市范围内快递自提服务的公平性和便利性。

值得注意的是，本节提出的快递自提点优化方案是在理论模型的指导之下进行的理想方案。在实际的网点布局中，不能拘泥于理论模型给出的理想位置，还需要综合考虑地理环境因素对具体布局区位的影响。本研究认为，至少要考虑如下几个因素的影响：

（1）建设用地和非建设用地对新增位置点布局的影响。建设用地代表某个位置是人类活动的所在地，非建设用地相反，它们在建筑物矢量地图中常常采用不同的图形进行标注。在地图中，有建筑物矢量数据的地块可以视为建设用地，没有建筑物矢量数据的地块则显示为空白。在布局新增位置点时，注意识别建筑物和空白地块，另外绿地和水道也是需要识别出来的非建设用地类型。

（2）建筑物形状对新增位置点布局的影响。建筑物轮廓在一定程度上反映人类活动的类型，不同建筑物轮廓反映住宅区、商业区以及工业区等的区别，在不同的人类活动地点新增候选点的布局位置也有所不同。第一，当建筑物轮廓呈现具有美感的线条时，建筑物为商品房小区和商业区的可能性较大，当楼间距较大时可以确定为商品房小区，当独栋或者底面积较大时可以确定为写字楼或者商业空间。第二，当建筑物轮廓呈现方方正正的规则图形时候，建筑物为城中村住区和工业区的可能性较大，当轮廓外形为方形或者楼间距较小时可以比较确定为城中村住区，当轮廓外形为长方形且底面积较大时可以确定为工业区。

上述建筑物反映的人类活动对末端配送服务的需求是，商品房小区和写字楼对末端配送服务的需求较大，而且它们有足够的空间设置快递自提点，城中村社区对末端配送服务的需求也较大，但是它们缺乏足够的空间设置快递自提点。工业区对末端配送服务的需求相对较小，可以在办公楼的位置布局快递自提点。综上所述，当候选位置在有建筑物布局的空间中，需要通过遥感影像和建筑物矢量数据对建筑物进行类型识别，以便于在真正需要的地方新增快递自提点。

（3）微区位特征对新增位置点布局的影响。这主要体现在候选点的建筑物朝向、建筑物使用业态以及道路走向等方面。第一，从快递自提点的布局位置来看，快递自提点与建筑物和道路的走向存在某种联系。但是，想要更详细地表述快递自提点的具体布局位置具有一定的难度。从空间分布上和已有研究成果来看，它们也确实倾向于布局在某类功能区和特定位置，例如居住小区和大门出入口位置（刘玲等，2019；Xue S et al.，2019；Mehmood M S et al.，2020）。第二，对于一些布局在门禁小区围墙旁边的自提点而言，外界人员到达和使用该自提点的可能性极小，而在新增快递自提点位置时，如果对布局点的微区位特征了解不充分，很容易将候选点选择在非公共地界而造成布点浪费情况。这种情况下，需要对城市的微观位置特征进行识别，并总结已有快递自提点布局的微观位置类型。如此，将新增位置点布局在常用的位置类型可以大大提高潜在用户的到访率和使用率。

（4）成本对新增位置点布局的影响。企业增加快递自提点布局的动力是增加快递自提点的成本小于送货上门配送的成本。当增加快递自提点布点时，一定会提高相应的采购、安装和维护成本。当网点密集时，布局快递自提点的成本将居高不下。但是，对于物流企业而言，增加快递自提点又势在必行，这种情况下，采用边长为 87 米的中心地结构网络在全市范围内展开快递自提点的布局显然不合实际。一种可行的方案是，将网点分布理论模型的 A 级区域（边长为 87 米）、K 级区域（边长为 150 米）、B 级区域（边长为 260 米）和 G 级区域（边长为 450 米）结合起来，在城市的不同地区采用不同的理论模型进行布点。但是，哪个区域该采用哪种理论模型进行布点比较合适，需要对影响快递自提点空间分布的因素在空间上的分异进行解析。不仅如此，还需要更加精细化的数据对城市空间进行数字模拟。

通过对上述因素的合理安排，最终寻找比较合适的地点布局增加位置点，以提升快递自提点布局密度，从而提升末端配送效率和降低配送成本。

7.4　本章小结

本章根据中心地理论，构建广州市快递自提点分布理论模型，在此基础上评估基于网点实际位置的步行通达性等时圈在广州市的空间分布特征，并评估由此表征的快递自提点空间覆盖公平性和便捷性特征，以此回答广州市快递自提点现状布局与理论模型是否匹配的问题，以及快递自提点不匹配情况下的布点优化问题。结果显示：

（1）以中心地理论构建的六边形结构可以用来指导快递自提点的空间布局和区位选址。对比研究显示，A 级区域（边长 87 米）六边形结构比较符合目前广州市快递自提点的实际位置，可以构建以坐标原点（海珠区万丰花园的智能柜）为标准的 A 级中心地结构作为广州市快递自提点理想分布的理论模型。考虑到城市建成环境和快递自提点需求的地域差异，理论模型在指导广州市快递自提点位置优化的实际应用中，可以考虑采用多种中心地结构相结合的方式而非单一模型。

（2）基于实际位置的步行通达性等时圈分析结果表明，广州市快递自提点的步行通达性的地域差异显著。快递自提点和智能柜、快递站的通达性在整体上均呈现出城市中心高、城市外围地区低的"核心—边缘"结构。即，核心区的通达性很高，通达性等时圈集中在步行一两分钟行程内；近郊区的通达性较高，通达性等时圈相对集中在步行两三分钟行程内；远郊区的通达性低，通达性等时圈通常在五分钟步行行程之外。不仅如此，快递自提点通达性还呈现出类别差异。这说明，作为公共基础设施的快递自提点在广州市现状布局的密度与理论模型相比均有较大差距，快递自提点的公平性和便捷性均需要进一步提升。

（3）由于固定形式的网点分布理论模型难以较好地匹配位置多变的网点实际布局，因此理论模型在指导广州市快递自提点位置优化的实际应用中，可以考虑采用多种形式的中心地结构模型。考虑到城市建成环境和快递自提点需求的地域差异，建设用地和非建设用地、建筑物形状、微区位特征和成本对新增位置点的空间选址均产生影响。因此需要综合考虑上述因素的地理变化，寻找比较合适的地点布局新增位置点，进而提升广州市快递自提点布局密度，提升网点的通达性和便捷性。

第8章 结论与讨论

8.1 主要结论

　　基于近年来网上购物规模崛起以及末端配送问题提出，本研究探索广州市快递自提点空间布局规律和顾客使用意愿，尝试回答：（1）区位选址理论下广州市快递自提点位置布局是否遵从某种空间分布规律的问题，从网点分布理论模型、网点可达性以及快递自提服务的空间公平性角度予以阐述；（2）评价广州市快递自提点的空间分布特征及其影响因素，归纳总结广州市快递自提点微观布局的位置类型与形成机制，并评估其快递自提服务的效用最大化；（3）研究基于顾客视角的快递自提点接受意愿和位置便利性对顾客接受意愿的影响问题，以期从空间和位置视角为解决"最后一公里"配送问题提供思路。

　　主要结论是：（1）广州市快递自提点的位置布局规律与中心地理论的思想较一致，但是又不同于中心地理论的市场原则、交通原则和行政原则任何一种模式。（2）广州市快递自提点的微观布局大部分位于接近顾客的位置上，网点能够最大程度发挥快递自提的效用。（3）位置便利性对广州市快递自提点的顾客接受态度和接受意愿具有直接的正向影响。在运用网点分布理论模型指导广州市快递自提点位置布局时，需要综合考虑影响因素对快递自提点作用效应的地域差异以及新增位置点的微观地理环境。

具体而言，第一，广州市快递自提点的布局密度与理论模型相比还存在较大差距，基于实际位置的广州市快递自提点的步行通达性呈现出城市中心高、城市外围地区低的"核心—边缘"结构，广州市快递自提点的公平性和便捷性均需要进一步提升；第二，广州市快递自提点在空间分布上呈现异质性特征，影响因素对广州市快递自提点空间分布异质性的作用效应、作用范围和作用力度表现出地域差异；第三，快递自提点的微观布局位置分化为多种类型，利益相关者多方博弈造成这些微观位置的区位差异；第四，位置便利性对广州市快递自提点的顾客接受态度和接受意愿具有直接的正向影响，位置便利性通过态度对顾客接受意愿产生中介作用。

8.2　对策建议

近年来，随着居民服务需求升级以及末端配送形势的日益严峻。"十四五"时期国家从促进现代物流的可持续和高质量发展、加快生活性服务业发展等角度，提出建设上门投递、智能箱投递等多元末端配送体系，以及发展多种形式的末端配送服务。本研究从城市公共服务设施、配送专业设施的优化配置以及城市安全等方面，提出广州市末端配送服务的进一步发展建议：

（1）促进末端配送形式和主体的多样化发展，解决"最后一公里"配送的问题。

目前，在"最后一公里"配送的问题中，在经过几年快递规模化多场景的铺设布局、摸索尝试后，末端领域在发展中暴露出许多问题。尽管如此，这种商业形态的展现也让各种场景主体看到了新的商业机会：一方面，区域加盟商自发地在各自快递加盟商所属区域联合共建末端；另一方面，部分有区域特点的地产、物业公司从自身服务需求出发，开始切入快递末端配送市场，当然还有很多区域创业公司进入这个行业。同时，行业监管对证照、资质等要求，会使未来属地化的服务越来越常态化。鼓励多种形式和主体的末端配送服务发展，有利于营造良好的市场竞争环境，促进末端配送的健康发展。

（2）强化快递自提点的布局密度，缩小空间布局的地域差异，尤其是社区差异和城乡差异。

针对广州市快递自提点空间分布，核密度值的空间分异呈现社区差异。点状核密度分布表明，在城市地区，快递自提点呈现出空间异质性而非同质性的特征，这表明在一些送货上门失败的地区，末端配送配送网点不足。由于步行通达时间较长，降低了这些地区消费者对快递自提服务的态度和接受意愿，不利于电子商务的可持续发展。

（3）正确认识多因素对快递自提点分布的综合作用效应，而不是单一因素的单向作用效应。

分析表明，广州市快递自提点的空间分布受到多维因素的综合影响，在多种因素的综合作用下，一个因素最初的单向效应因地区而异。在这种情况下，快递自提点的进一步布局需要考虑备选区位的局部环境。

（4）物流和电商企业在布局快递自提点时候应考虑顾客接受意愿。

分析表明，位置便利性和感知因素对顾客接受意愿具有直接的作用，在快递自提点位置便利的地区，顾客显然更加容易对自提快递产生好感。目前广州市快递自提点在不少地区仍然存在覆盖率低、通达时间长的状况。考虑到快递自提点的公平性，未来快递自提点可达性较弱的地区是快递自提点选址布局的重点地区，提升居民收取快递的便利性。

8.3　研究创新点

（1）采用地理加权回归探讨广州市快递自提点空间分布特征的影响因素。

以往研究认为快递自提点空间分布与区域经济发展因素、城镇用地类型、建成环境和居民个体特征等相关因素有关，研究方法采用的皮尔逊相关分析法。本研究在此基础上，采用地理加权回归分析影响因素的地理变化，并且验证了影响快递自提点的因素在地理上不是一成不变的，同一因素对同一种快递自提点（如无人智能柜）的作用在不同地理区域（如城市中心地区和城市边缘地区）是不相同的，同一因素对不同种快递自提点（如无人智能柜和有人快递站）的作用在同一地理区域（如城市中心地区）也是不同的。

（2）将位置便利性和感知因素同时纳入快递自提服务的态度和意愿研究框架之中。

以往研究探讨比较多的是感知因素对态度、态度对意愿的直接影响，以及感知因素对意愿的中介作用，也有研究探讨位置便利性对接受意愿的直接影响，但这些研究比较多的是国外的案例。

本研究参考已有研究，以中国的粤港澳大湾区，同时也是中国网络购物和物流配送最繁忙的超大城市之一的广州市为案例地，以快递自提点位置为基础分析快递自提点的空间可达性并将位置便利性与感知因素相结合，解析它们对快递自提点态度和意愿的直接影响和中介作用，发现位置便利性对居民使用快递自提点的态度和意愿具有正向的、较重要的直接影响。

（3）采用更加丰富的数据识别出更多的微区位类型并探讨其形成机制。

以往探讨中国部分城市快递自提点空间分布的研究使用的是百度地图 POI 数据，其数据量在 1000 条乃至以下，POI 数据以菜鸟驿站和邮政站点为主，少量丰巢数据。例如武汉市和深圳市的数据量分别为 1127 条和 1210 条，南京市的数据量为 675 条，西安市、东莞市和长沙市的数据量均不足 500 条。本研究的 POI 数据量总数达到 19229 条，且该数据包含的快递自提点类型也相对丰富。此外，位置更加精确，尤其是丰巢数据的 POI 来自手机 App。

较丰富的数据量和相对可靠的位置数据可以比较全面和准确地反映广州市快递自提点的位置，更加有助于刻画快递自提点的布局微区位特征，提高网点分布理论模型对广州市快递自提点布局的理论指导。

8.4　研究不足与展望

8.4.1　研究不足

（1）末端配送方式复杂多样，难以掌握所有的类型及相应的数据。

因此在可能存在数据不完整情况下，本研究所采用的是对所获得的部分数据解剖麻雀再加以归纳总结的研究范式。也就是说以分析整体中的部分来取代整体的做法可能存在某些条件下研究结果失真的情况。

（2）相对较粗的微观数据给总结归纳精细化的微观位置类型带来不确定性，对于指导快递自提点的具体布局和选址的作用有限。

尽管本研究已经将研究单元划分为 500 米格网，但是由于城市建筑矢量、城市功能用地以及人口统计数据等微观数据不够精细，尤其是确定有人快递站的微观位置难度比较大。尽管有城市建筑物矢量边界和高清遥感影像，仍然无法准确获悉有人快递站分布在什么样的微观位置（例如是位于封闭小区还是城中村的靠墙位置或者马路上，抑或是某个门店），这种情况下的可行方法之一是结合卫星影响大致作出判断，这就给总结归纳布局模式造成一定的不确定性。

8.4.2 研究展望

基于本研究的前期研究成果以及对研究不足的把握，本研究认为以下几个方面值得深入思考：

（1）快递自提点选址模型化和软件化。

研究选址问题既是单纯的选址问题也是相对综合的划分服务区（范围）研究，它可以节省企业运营成本。这个方向的可能突破点在于判断影响快递自提点选址的关键因素，并且将其模型化和软件化，使得不同服务类型的快递自提点能够根据不同场景作出合理的选址判断。

（2）基于快递自提点分布理论模型评估选址区位。

目前，广州市快递自提点的位置是市场行为的结果，在不少地区仍然存在快递自提点覆盖不足的现象，而且也面临提高通达性的问题。这涉及快递自提点布局的公平性和便利性问题，研究者需要思考的是在哪些地方布局快递自提点既能提高公平性又能花费最少成本。比如运用某一准则（如克里斯泰勒市场原则）确定快递自提点的合理位置。

（3）基于步行道路网的通达性等时圈研究。

本研究的可达性研究是建立在缓冲区分析基础上，缓冲区衡量的是欧式直线距离，它与道路网络的弯弯曲曲实际情况不符合，夸大了步行通达性的结果，造成步行通达性偏高。这需要更加精细的城市矢量数据加以矫正。

附录 广州市《快递自提点感知与接受意愿》问卷调查表

第一部分：快递自提点感知与使用意愿

序号	结构项	测量项	完全反对 (1)	比较反对 (2)	一般 (3)	比较赞同 (4)	完全赞同 (5)
01	感知相容性	1. 我觉得使用快递自提点收发快递符合我的购物方式（如网购）					
02		2. 我觉得使用快递自提点收发快递符合我的取件需求					
03		3. 我觉得使用快递自提点收发快递符合我喜欢的取件方式					
04		4. 我觉得使用快递自提点收发快递符合我目前情况					
05	感知复杂性	1. 我觉得使用快递自提点收发快递的操作过程复杂					
06		2. 我觉得使用快递自提点收发快递消耗大量精力和时间					
07		3. 我觉得学会使用快递自提点收发快递是困难的					
08	感知可观察性	1. 通过观察别人如何使用快递自提点，我觉得我可以学会如何使用它					
09		2. 通过观察别人如何使用快递自提点，我可以向别人解释我如何使用它					
10		3. 通过观察别人如何使用快递自提点，我可以判断使用它是否对我有益					

续表

第一部分：快递自提点感知与使用意愿

序号	结构项	测量项	完全反对 (1)	比较反对 (2)	一般 (3)	比较赞同 (4)	完全赞同 (5)
11	感知试用性	1. 我能够试用快递自提点，是因为我觉得它容易使用					
12		2. 我能够试用快递自提点，是因为我知道它的位置					
13		3. 我能够试用快递自提点，是因为我可以轻松地到达它所在的那个位置					
14	感知相对优势	1. 与送货上门相比，快递自提点收发快递改善我的网购体验					
15		2. 与送货上门相比，快递自提点让我更容易收到快递					
16		3. 与送货上门相比，快递自提点让我更快地收到快递					
17	态度/感知价值	1. 我觉得使用快递自提点收发快递是有趣/愉快的					
18		2. 我觉得使用快递自提点收发快递是有用的					
19		3. 我觉得使用快递自提点收发快递是对环境和社会有积极影响的					
20	使用意愿	1. 我打算（继续）将来使用快递自提点收发快递					
21		2. 我打算推荐亲戚朋友使用快递自提点收发快递					
22		3. 我打算向其他人介绍使用快递自提点收发快递的好处					
23	位置便利性	1. 快递自提点的位置距离我的住所/工作地所近（200米以内或步行两分钟）					
24		2. 快递自提点位于步行范围内的交通便捷地点					
25		3. 快递自提点位于一个方便的位置点					

续表

第一部分：快递自提点感知与使用意愿

序号	结构项	测量项	完全反对 (1)	比较反对 (2)	一般 (3)	比较赞同 (4)	完全赞同 (5)
26	服务便利性	1. 我可以在任意时间在快递自提点收发快递，这让我觉得便利					
27		2. 我可以方便到达任何一个快递自提点收发快递，这让我觉得便利					
28		3. 我可以很容易在快递自提点收发快递，这让我觉得便利					
29	感知可靠性	1. 我觉得快递自提点的技术可靠					
30		2. 我觉得快递自提点的服务可靠					
31		3. 我觉得快递自提点的信誉可靠					
32	感知风险	1. 我担心快递自提点泄露我的个人隐私					
33		2. 我担心快递自提点利用我的个人信息					
34		3. 我担心快递自提点周围的环境会威胁我的人身安全					

第二部分：顾客网购特征

序号	结构项	测量项	
35	网购特征	1. 您是否使用快递自提点收发快递？	A) 是；B) 否
36		2. 您第一次网购距今多久时间？	A) 6 个月；B) 6～12 个月；C) 1～2 年；D) 2～3 年；E) 3～4 年；F) 4～5 年；G) 5～6 年；H) 6～7 年；I) 7～8 年；J) 8～9 年；K) 9～10 年；L) 大于 10 年
37		3. 您每月平均网购次数？	A) 小于 3 次；B) 3～6 次；C) 7～10 次；D) 大于 10 次

续表

第二部分：顾客网购特征

网购特征	38	4. 您网购产品主要是？（多选）	A）食品；B）服装和鞋袜类；C）日用品等；D）美妆护肤品；E）书籍/杂志/报纸等；F）家用电器；G）电子产品；H）珠宝首饰等；I）生鲜品；J）其他
	39	5. 您网上购物通常在哪里取货？（多选）	A）送货上门；B）智能快递柜等（如丰巢）；C）快递驿站（如妈妈菜鸟驿站等）；D）便利店等；E）物业或门卫；F）个体店铺（快递代收点）；G）非正规场地（例如，马路、广场、快递车等）；H）京东便利店、天猫小店、苏宁小店等；I）其他
	40	6. 您怎样前往快递自提点？（多选）	A）步行；B）自行车，摩托车和电动车等；C）公交或地铁；D）私人汽车；E）其他
	41	7. 您常用的快递自提点位于哪类位置？	A）商品房；B）单位房；C）自建房；D）员工宿舍；E）公寓；F）办公楼；G）商业区；H）工厂；I）学校；J）坡中村；K）其他
	42	8. 您常用的快递自提点属于广州市哪个辖区？	A）越秀区；B）海珠区；C）天河区；D）荔湾区；E）白云区；F）番禺区；G）黄埔区；H）花都区；I）增城区；J）南沙区；K）从化区

续表

43	网购特征	9. 疫情期间，您更倾向于使用哪种快递配送方式？	A）无人的快递柜（如丰巢快递柜等）；B）有人的快递柜、京东自提柜等）；B）有人的快递点（如菜鸟驿站、妈妈驿站等）；C）送货上门
		第二部分：顾客网购特征	
		第三部分：顾客个体特征	
44	个体特征	1. 您的性别？	A）男；B）女
45		2. 您的年龄？	A）15～26 岁；B）27～40 岁；C）41～55 岁；D）大于 55 岁
46		3. 您的学历？	A）高中及以下；B）专科；C）本科；D）研究生及以上
47		4. 您的职业？	A）公务员；B）事业单位；C）国有企业；D）私营企业；E）个体经营者；F）暂无就业；G）学生；H）其他
48		5. 您的月收入？	A）小于 5000 元；B）5000～9999 元；C）10000～20000 元；D）大于 20000 元

参 考 文 献

[1] 蔡莉，尹苗苗.新创企业学习能力、资源整合方式对企业绩效的影响研究 [J].管理世界，2009（10）：1－10，16.

[2] 查爱苹，邱洁威.条件价值法评估旅游资源游憩价值的效度检验——以杭州西湖风景名胜区为例 [J].人文地理，2016，31（1）：154－160.

[3] 柴彦威，李春江.城市生活圈规划：从研究到实践 [J].城市规划，2019，43（5）：9－16，60.

[4] 柴彦威，李春江，张艳.社区生活圈的新时间地理学研究框架 [J].地理科学进展，2020，39（12）：1961－1971.

[5] 陈见标，陆宇海.基于末端需求的生鲜食品物流配送模式优化 [J].商业经济研究，2021（6）：100－102.

[6] 陈义友，韩珣，曾倩.考虑送货上门影响的自提点多目标选址问题 [J].计算机集成制造系统，2016，22（11）：2679－2690.

[7] 陈义友，张锦，罗建强.顾客选择行为对自提点选址的影响研究 [J].中国管理科学，2017，25（5）：135－144.

[8] 高更君，车雨轩，林慧丹.基于物流公司的城市配送共享托盘调运 [J].中国流通经济，2019，33（1）：26－34.

[9] 黄涛.效用理论是与非 [J].中国统计，2018（10）：19－20.

[10] 黄莺. 快运与快递, 区别大了! [J]. 运输经理世界, 2019 (2): 50–51.

[11] 黄永春, 胡世亮, 叶子, 等. 创业还是就业? ——行为经济学视角下的动态效用最大化分析 [J/OL]. [2021–10–24]. 管理工程学报: 1–14, https: //doi. org/10. 13587/j. cnki. jieem.

[12] 李钢, 陈未雨, 杨兰, 等. 武汉市快递自提点的空间格局与集聚模式研究 [J]. 地理科学进展, 2019, 38 (3): 407–416.

[13] 李樱, 刘兆强, 曾迅, 等. 广州城市配送现状及配送体系研究 [J]. 公路与汽运, 2015 (2): 82–87.

[14] 刘光乾. 基于效用理论的网络消费者行为分析 [J]. 企业经济, 2010 (12): 97–99.

[15] 刘玲, 李钢, 杨兰, 等. 深圳市快递自提点的空间分布特征与影响因素 [J]. 地球信息科学, 2019, 21 (8): 1240–1253.

[16] 刘泉, 钱征寒, 黄丁芳, 等. 15 分钟生活圈的空间模式演化特征与趋势 [J]. 城市规划学刊, 2020 (6): 94–101.

[17] 柳林, 姜超, 周素红, 等. 城市入室盗窃犯罪的多尺度时空格局分析——基于中国 H 市 DP 半岛的案例研究 [J]. 地理研究, 2017, 36 (12): 2451–2464.

[18] 卢福强, 高孟影, 毕华玲, 等. 基于比例效用理论的第四方物流路径问题研究 [J]. 复杂系统与复杂性科学, 2019, 16 (4): 66–81.

[19] 陆淼嘉, 尹钦仪. "最后一公里" 无人车配送发展现状及应用前景 [J]. 综合运输, 2021, 43 (1): 117–121.

[20] 谭如诗, 徐逸伦, 陈栋, 等. 城市居民快递自提行为空间研究 [J]. 世界地理研究, 2016, 25 (5): 111–120.

［21］王崇，李一军．B2C 环境下基于多属性效用理论的消费者行为模式［J］．系统管理学报，2010，19（1）：62－67.

［22］王方，马光威．效用最大化、乡土羁绊与中国农村劳动力半永久性转移［J］．贵州社会科学，2020（7）：161－168.

［23］王贺，刘帅志，李桢瑶，等．基于大学生需求的校园快递无人配送项目——以辽宁理工学院为例［J］．商场现代化，2021（4）：23－25.

［24］王敬．以互联网思维重构社区物业增值服务（上）［EB/OL］.（2014－11－4）［2021－10－11］.http：//news.iwuye.com/PingLun/201411/119264.shtml.

［25］温卫娟，邬跃．我国城市配送形势分析及发展策略［J］．中国流通经济，2014，28（9）：46－51.

［26］许茂增，余国印．城市配送研究的新进展［J］．中国流通经济，2014，28（11）：29－36.

［27］许学强，周一星，宁越敏．城市地理学（第2版）［M］．北京：高等教育出版社，2009.

［28］袁方．社会研究方法教程［M］．北京：北京大学出版社，2013：143－146.

［29］湛东升，张文忠，谌丽，等．城市公共服务设施配置研究进展及趋向［J］．地理科学进展，2019，38（4）：506－519.

［30］张文忠，刘旺．西方城市居住区位决策与再选择模型的评述［J］．地理科学进展，2004（1）：89－95.

［31］张圆刚，余向洋，程静静，等．基于地方情感的游客乡村游憩行为意向模型建构与影响研究［J］．地理科学，2019，39（11）：1796－1805.

［32］章雨晴，甄峰，张永明. 南京市居民网络购物行为特征——以书籍和衣服为例［J］. 地理科学进展，2016，35（4）：476 - 486.

［33］赵鹏军，万婕. 城市交通与土地利用一体化模型的理论基础与发展趋势［J］. 地理科学，2020，40（1）：12 - 21.

［34］钟和曦，李方星. 北京市基于社会效用最大化下的土地政策选择［J］. 中国土地科学，2009，23（11）：67 - 71.

［35］周佼，李钢，杨兰，等. 菜鸟驿站空间分布与城市发展关系研究——以东莞市为例［J］. 西部人居环境学刊，2019，34（5）：83 - 91.

［36］周云霞. 生鲜电商"最后一公里"的配送模式分析［J］. 技术与市场，2020，27（11）：133 - 135.

［37］朱惠琦，邱莹，姜天华，等. 消费者"最后一公里"配送模式、服务方式与配送时隙的联合选择［J］. 计算机集成制造系统，2020，26（7）：1998 - 2006.

［38］Agarwal R，Prasad J. The role of innovation characteristics and perceived voluntariness in the acceptance of information technologies［J］. Decision Science，1997，28（3）：557 - 582.

［39］Ahmadi - Javid A，Seyedi P，Syam S S. A survey of healthcare facility location［J］. Computers & Operations Research，2017，79：223 - 263.

［40］Amaral J C，Cunha C B. An exploratory evaluation of urban street networks for last mile distribution［J］. Cities，2020，107：102916.

［41］Anand P，Sternthal B. Ease of message processing as a moderator of repetition effects in advertising［J］. Journal of Marketing Research，

1990，27（3）：345 – 353.

［42］ Andriankaja D. The location of parcel service terminals：links with the locations of clients ［J］. Procedia – Social and Behavioral Sciences，2012，39：677 – 686.

［43］ Anselin L. Local indicators of spatial association—LISA ［J］. Geographical Analysis，1995，27（2）：93 – 115.

［44］ Bender M，Kalcsics J，Meyer A. Districting for parcel delivery services-a two-stage solution approach and a real-world case study ［J/OL］. Omega，2020，96：102283.

［45］ Bergmann F M，Wagner S M，Winkenbach M. Integrating first-mile pickup and last-mile delivery on shared vehicle routes for efficient urban e-commerce distribution ［J］. Transportation Research Part B：Methodological，2020，131：26 – 62.

［46］ Berry L L，Seiders K，Grewal D. Understanding service convenience ［J］. Journal of Marketing，2002，66（3）：1 – 17.

［47］ Bruni M E，Toan D Q，Nam L H. The multi-vehicle profitable pick up and delivery routing problem with uncertain traveltimes ［J］. Transportation Research Procedia，2021，52，509 – 516.

［48］ Bulmer S，Elms J，Moore S. Exploring the adoption of self-service checkouts and the associated social obligations of shopping practices ［J］. Journal of Retailing & Consumer Services，2018，42：107 – 116.

［49］ Cairns S. Delivering alternatives：successes and failures of home delivery services for food shopping ［J］. Transport Policy，1996，3（4）：155 – 176.

[50] Cardenas I D, Beckers J. A location analysis of pick-up points networks in antwerp, Belgium [J]. International Journal of Transport Economics, 2018, 45 (4): 557-569.

[51] Cardenas I D, Dewulf W, Vanelslander T, et al. The e-commerce parcel delivery market and the implications of home B2C deliveries vs pick-uppoints [J]. International Journal of Transport Economics, 2017, 44 (2): 235-256.

[52] Chang H H, Wang H W. The moderating effect of customer perceived value on online shopping behaviour [J]. Online Information Review, 2011, 35 (3): 333-359.

[53] Chen C F, White C, Hsieh Y E. The role of consumer participation readiness in automated parcel station usage intentions [J]. Journal of Retailing and Consumer Services, 2020, 54: 102063.

[54] Chen R C, Shieh C H, Chan K T, et al. A systematic approach to order fulfillment of on-demand delivery service for Bento industry [J]. Procedia Computer Science, 2013, 17: 96-103.

[55] Chen Y, Yu J, Yang S, et al. Consumer's intention to use self-service parcel delivery service in online retailing: an empirical study [J]. Internet Research, 2018, 28 (2): 500-519.

[56] Choudhury V, Karahanna E. The relative advantage of electronic channels: a multidimensional view [J]. MIS Quarterly, 2008, 32 (1): 179-200.

[57] Collier J E, Moore R S, Horky A, et al. Why the little things matter: exploring situational influences on customers' self-service technology decisions [J]. Journal of Business Research, 2015, 68

（3）：703 – 710.

［58］ Collier J E, Sherrell D L, Babakus E, et al. Understanding the differences of public and private self-service technology ［J］. Journal of Services Marketing, 2014, 28 （2）：60 – 70.

［59］ Collier J E, Sherrell D L. Examining the influence of control and convenience in a self-service setting ［J］. Journal of the Academy of Marketing Science, 2010, 38 （4）：490 – 509.

［60］ Davis F D. Perceived usefulness, perceived ease of use, and user acceptance of information technology ［J］. MIS Quarterly, 1989, 13 （3）：319 – 340.

［61］ Demoulin N T M, Djelassi S. An integrated model of self-service technology （SST） usage in a retail context ［J］. International Journal of Retail & Distribution Management, 2016, 44 （5）：540 – 559.

［62］ De Oliveira L K, De Oliveira R L M, De Sousa L T M, et al. Analysis of accessibility from collection and delivery points：towards the sustainability of the e-commerce delivery ［J］. urbe Revista Brasileira de Gestão Urbana, 2019, 11 （1 – 2）.

［63］ De Oliveira L K, Morganti E, Dablanc L, et al. Analysis of the potential demand of automated delivery stations for e-commerce deliveries in Belo Horizonte, Brazil ［J］. Research in Transportation Economics, 2017, 65：34 – 43.

［64］ Duan Y, He Q, Feng W, et al. A study on e-learning take-up intention from an innovation adoption perspective：a case in China ［J］. Computers & Education, 2010, 55 （1）：237 – 246.

［65］ Ferdinand F N, Kim K H, Koh S G, et al. A genetic algorithm based heuristic for the design of pick-up and delivery routes for strategic alliance in express delivery services [J]. IFAC Proceedings Volumes, 2013, 46 (9): 1938 – 1943.

[66] Festinger L. A theory of cognitive dissonance [M]. Califor-nia: Stanford University Press, 1957: 164 – 165.

[67] Fishbein M, Ajzen I. Belief, attitude, intention, and behavior: an introduction to theory and research [M]. Mass: Addison – Wesley, 1975.

[68] FlorioA M, Feillet D, Hartl R F. The delivery problem: optimizing hit rates in e-commerce deliveries [J]. Transportation Research Part B: Methodological, 2018, 117: 455 – 472.

[69] Foelske L, Riper C J V. Assessing spatial preference heterogeneity in a mixed-use landscape [J]. Applied Geography, 125: 102355.

[70] Fornell C, Larcker D F. Evaluating structural equation models with unobservable variables and measurement error [J]. Multivariate Behavioral Research, 1981, 16 (4): 437 – 454.

[71] Ghajargar M, Zenezini G, Montanaro T. Home delivery services: innovations and emerging needs [J]. IFAC – PapersOnLine, 2016, 49 (12): 1371 – 1376.

[72] Goodchild A, Toy J. Delivery by drone: an evaluation of unmanned aerial vehicle technology in reducing CO_2 emissions in the delivery service industry [J]. Transportation Research Part D: Transport and Environment, 2016, 61 (Part A): 58 – 67.

[73] Hair J F, Black B, Babin B J, et al. Multivariate data analysis (7th Edition) [M]. Upper Saddle River: Prentice Hall, 2010.

[74] Han X, Wang K. Two-stage layout optimization model for multi – level pickup point [C]. Singapore: IEEE, 2018.

[75] Han X, Zhang J, Zeng Q. Competitive location problem of multi – level pickup point considering cooperative coverage [J]. Journal of Southeast University (English Edition), 2019, 35 (1): 111 – 117.

[76] Heitz A, Beziat A. The parcel industry in the spatial organization of logistics activities in the Paris Region: inherited spatial patterns and innovations in urban logistics systems [J]. Transportation Research Procedia, 2016, 12: 812 – 824.

[77] Hofer K, Flucher S, Fellendorf M, et al. Estimation of changes in customer's mobility behaviour by the use of parcel lockers [J]. Transportation Research Procedia, 2020, 47: 425 – 432.

[78] Hornstra R P, Silva A, Roodbergen K J, et al. The vehicle routing problem with simultaneous pickup and delivery and handling costs [J]. Computers & Operations Research, 2020, 115: 104858.

[79] Hsu C I, Li H C. Optimal delivery service strategy for internet shopping with time-dependent consumer demand [J]. Transportation Research Part E, 2006, 42 (6): 473 – 497.

[80] Huang Z, Huang W, Guo F. Integrated sustainable planning of self-pickup and door-to-door delivery service with multi-type stations [J]. Computers & Industrial Engineering, 2019, 135: 412 – 425.

[81] Hwang J, Kim H, Kim W. Investigating motivated consumer innovativeness in the context of drone food delivery services [J]. Journal of Hospitality and Tourism Management, 2019, 38: 102 – 110.

［82］ Hwang J, Kim J J, Lee K W. Investigating consumer innovativeness in the context of drone food delivery services: its impact on attitude and behavioral intentions ［J］. Technological Forecasting and Social Change, 2020, 163: 120433.

［83］ Janjevic M, Winkenbach M, Merchán D. Integrating collection-and-delivery points in the strategic design of urban last-mile e-commerce distribution networks ［J］. Transportation Research Part E: Logistics and Transportation Review, 2019, 131: 37 − 67.

［84］ Jeyaraj A, Rottman J W, Lacity M C. A review of the predictors, linkages, and biases in IT innovation adoption research ［J］. Journal of Information Technology, 2006, 21 (1): 1 − 23.

［85］ Jia R, Khadka A, Kim I. Traffic crash analysis with point-of-interest spatial clustering ［J］. Accident Analysis & Prevention, 2018, 121: 223 − 230.

［86］ Jones M A, Mothersbaugh D L, Beatty S E. The effects of locational convenience on customer repurchase intentions across service types ［J］. Journal of Services Marketing, 2003, 17 (7): 701 − 712.

［87］ Karahanna E, Agarwal R, Angst C M. Reconceptualizing compatibility beliefs in technology acceptance research ［J］. MIS Quarterly, 2006, 30 (4): 781 − 804.

［88］ Karahanna E, Straub D W, Chervany N L. Information technology adoption across time: a cross-sectional comparison of pre-adoption and post-adoption beliefs ［J］. MIS Quarterly, 1999, 23 (2): 183 − 213.

［89］ Karak A, Abdelghany K F. The hybrid vehicle-drone routing problem for pick-up and delivery services [J]. Transportation Research Part C: Emerging Technologies, 2019, 102: 427 – 449.

[90] Kedia A, Kusumastuti D, Nicholson A. Acceptability of collection and delivery points from consumers' perspective: a qualitative case study of Christchurch city [J]. Case Studies on Transport Policy, 2017, 5 (4): 587 – 595.

[91] Kedia A, Kusumastuti D, Nicholson A. Locating collection and delivery points for goods' last-mile travel: a case study in New Zealand [J]. Transportation Research Procedia, 2020, 46: 85 – 92.

[92] Khalilzadeh J, Ozturk A B, Bilgihan A. Security-related factors in extended UTAUT model for NFC based mobile payment in the restaurant industry [J]. Computers in Human Behavior, 2017, 70: 460 – 474.

[93] Kiousis V, Nathanail E, Karakikes I. Assessing traffic and environmental impacts of smart lockers logistics measure in a medium-sized municipality of Athens [C]. Switzerland AG: Springer, 2019.

[94] Kline R B. Principles and practice of structural equation modeling [M]. New York: The Guilford Press, 1998.

[95] Lachapelle U, Burke M, Brotherton A, et al. Parcel locker systems in a car dominant city: location, characterisation and potential impacts on city planning and consumer travel access [J]. Journal of Transport Geography, 2018, 71: 1 – 14.

[96] Lee H, Chen M, Pham H T, et al. Development of a decision making system for installing unmanned parcel lockers: focusing on residential complexes in Korea [J]. KSCE Journal of Civil Engineering,

2019，23（6）：2713 – 2722.

［97］ Lee M C. Factors influencing the adoption of internet banking：an integration of TAM and TPB with perceived risk and perceived benefit ［J］. Electronic Commerce Research and Applications，2009，8（3）：130 – 141.

［98］ Lin I C，Fu H C，Chang S H，et al. An evaluation model based on product characteristics for end-delivery choice in China e-commerce services ［C］. Hong Kong：ICIT，2018.

［99］ Lin J，Hsieh P L. Assessing the self-service technology encounters：development and validation of SSTQUAL scale ［J］. Journal of Retailing，2011，87（2）：194 – 206.

［100］ Lin L，Han H，Yan W，et al. Measuring spatial accessibility to pick-up service considering differentiated supply and demand：a case in Hangzhou，China ［J］. Sustainability，2019，11（12）：3448.

［101］ Lin Y H，Wang Y，He D，et al. Last-mile delivery：optimal locker location under multinomial logit choice model ［J］. Transportation Research Part E：Logistics and Transportation Review，2020，142：102059.

［102］ Liu C，Wang Q，Susilo Y O. Assessing the impacts of collection-delivery points to individual's activity-travel patterns：a greener last mile alternative？ ［J］. Transportation Research Part E：Logistics and Transportation Review，2019，121：84 – 99.

［103］ Liu S，Liu Y，Zhang R，et al. Heterogeneity of spatial distribution and factors influencing unattended locker points in Guangzhou，Chi-

na: the case of Hive Box [J]. ISPRS International Journal of Geo –
Information, 2021, 10 (6): 409.

[104] Loewenstein G F, Weber E U, Hsee C K, et al. Risk as feelings
[J]. Psychological Bulletin, 2001, 127 (2): 267 –286.

[105] Mahmoudi M, Zhou X. Finding optimal solutions for vehicle routing
problem with pickup and delivery services with time windows: a dy-
namic programming approach based on state-space-time network rep-
resentations [J]. Transportation research Part B: Methodological,
2016, 89: 19 –42.

[106] Mehmood M S, Li G, Xue S, et al. Spatial differentiation and influ-
encing factors of attended collection and delivery points in Nanjing
city, China [J]. International Journal of Civil Infrastructure, 2020,
3: 24 –40.

[107] Milioti C, Pramatari K, Kelepouri I. Modelling consumers' acceptance
for the click and collect service [J]. Journal of Retailing and Con-
sumer Services, 2020, 56: 102149.

[108] Müller S, Rudolph C, Janke C. Drones for last mile logistics: ba-
loney or part of the solution? [J]. Transportation Research Proce-
dia, 2019, 41: 73 –87.

[109] Montané F Λ T, Galvão R D. A tabu search algorithm for the vehicle
routing problem with simultaneous pick-up and delivery service [J].
Computers & Operations Research, 2006, 33 (3): 595 –619.

[110] Morganti E, Dablanc L, Fortin F. Final deliveries for online shop-
ping: the deployment of pickup point networks in urban and subur-
ban areas [J]. Research in Transportation Business & Manage-

ment, 2014, 11: 23 – 31.

[111] Moroz M, Polkowski Z. The last mile issue and urban logistics: choosing parcel machines in the context of the ecological attitudes of the Y generation consumers purchasing online [J]. Transportation Research Procedia, 2016, 16: 378 – 393.

[112] Orenstein I, Raviv T, Sadan E. Flexible parcel delivery to automated parcel lockers: models, solution methods andanalysis [J]. EURO Journal on Transportation and Logistics, 2019, 8 (5): 683 – 711.

[113] Preacher K J, Zyphur M J, Zhang Z. A general multilevel SEM framework for assessing multilevel mediation [J]. Psychological Methods, 2010, 15, 209 – 233.

[114] Rai H B, Cetinkaya A, Verlinde S, et al. How are consumers using collection points? Evidence from Brussels [J]. Transportation Research Procedia, 2020, 46: 53 – 60.

[115] Rogers E M. Diffusion of innovations (4th Edition) [M]. New York: Free Press, 1995.

[116] Roy S K, Shekhar V, Lassar W M, et al. Customer engagement behaviors: the role of service convenience, fairness and quality [J]. Journal of Retailing & Consumer Services, 2018, 44: 293 – 304.

[117] Schwerdfeger S, Boysen N. Optimizing the changing locations of mobile parcel lockers in last-mile distribution [J]. European Journal of Operational Research, 2020, 285 (3): 1077 – 1094.

[118] Shenzhen Hive Box Technology Co. , Ltd. Why choose Hive Box

［EB/OL］. ［2021 – 10 – 11］. https：//www. fcbox. com/en/pc/ index. html#/.

［119］ Simoni M D, Bujanovic P, Boyles S D, et al. Urban consolidation solutions for parcel delivery considering location, fleet and route choice ［J］. Case Studies on Transport Policy, 2018, 6 （1）: 112 – 124.

［120］ Song L, Cherrett T, Mcleod F, et al. Addressing the last mile problem: the transport impacts of collection and deliverypoints ［J］. Transportation Research Record Journal of the Transportation Research Record, 2009 （2097）: 9 – 18.

［121］ Stromberg H, Rexfelt O, Karlsson I C M, et al. Trying on changetrialability as a change moderator for sustainable travel behaviour ［J］. Travel Behaviour and Society, 2016, 4: 60 – 68.

［122］ Taylor S, Todd P. Decomposition and crossover effects in the theory of planned behavior: a study of consumer adoption intentions ［J］. International Journal of Research in Marketing, 1995, 12 （2）: 137 – 155.

［123］ Tsai Y T, Tiwasing P. Customers' intention to adopt smart lockers in last-miledelivery service: a multi-theory perspective ［J/OL］. Journal of Retailing and Consumer Services, 2021, 61 （2）: 102514.

［124］ Vallerand R J. Toward a hierarchical model of intrinsic and extrinsic motivation ［J］. Advances in Experimental Social Psychology, 1997, 29 （8）: 271 – 360.

［125］ Viu – Roig M, Alvarez – Palau E J. The impact of e-commerce-relat-

ed last-mile logistics on cities: a systematic literature review [J].
Sustainability, 2020, 12 (16): 6492.

[126] Wang S, Liu H, Pu H, et al. Spatial disparity and hierarchical
cluster analysis of final energy consumption in China [J]. Energy,
2020, 197: 117195.

[127] Wang X, Yuen K F, Wong Y D, et al. An innovation diffusion
perspective of e-consumers' initial adoption of self-collection service
via automated parcel station [J]. International Journal of Logistics
Management, 2018, 29 (1): 237 – 260.

[128] Wang X, Yuen K F, Wong Y D, et al. Consumer participation in
last-mile logistics service: an investigation on cognitions and affects
[J]. International Journal of Physical Distribution and Logistics
Management, 2019, 49 (2): 217 – 238.

[129] Weigel F K, Hazen B T, Cegielski C G, et al. Diffusion of innova-
tions and the theory of planned behavior in information systems re-
search: ametaanalysis [J]. Communications of the Association for
Information Systems, 2014, 34 (31): 619 – 636.

[130] Weltevreden J W J. B2c e-commerce logistics: the rise of collection-
and-delivery points in the Netherlands [J]. International Journal of
Retail & Distribution Management, 2008, 36 (8): 638 – 660.

[131] Xiao Z, Wang J J, Lenzer J, et al. Understanding the diversity of
final delivery solutions for online retailing: a case of Shenzhen,
China [J]. Transportation Research Procedia, 2017, 25: 985 –
998.

[132] Xiao Z, Wang J J, Liu Q. The impacts of final delivery solutions on

e-shopping usage behaviour: the case of Shenzhen, China [J]. International Journal of Retail & Distribution Management, 2018, 46 (1): 2 – 20.

[133] Xue S, Li G, Yang L, et al. Spatial pattern and influencing factor analysis of attended Collection and delivery points in Changsha city, China [J]. Chinese Geographical Science, 2019, 29 (6): 1078 – 1094.

[134] Xu X, Shen Y, Chen W A, et al. Data-driven decision and analytics of collection and delivery point location problems for online retailers [J]. Omega, 2020, 100: 102280.

[135] Ye S, Song C, Shen S, et al. Spatial pattern of arable land-use intensity in China [J]. Land Use Policy, 2020, 99: 104845.

[136] Yuen K F, Wang X, Ma F, et al. The determinants of customers' intention to use smart lockers for last-mile deliveries [J]. Journal of Retailing and Consumer Services, 2019, 49: 316 – 326.

[137] Yuen K F, Wang X, Ng L T W, et al. An investigation of customers' intention to use self-collection services for last-mile delivery [J]. Transport Policy, 2018, 66: 1 – 8.

[138] Yu H, Fotheringham A S, Li Z, et al. On the measurement of bias in geographically weighted regression models [J]. Spatial Statistics, 2020, 38: 100453.

[139] Zenezini G, Lagorio A, Pinto R, et al. The collection-and-delivery points implementation process from the courier, express and parcel operator's perspective [J]. IFAC – PapersOnLine, 2018, 51

（11）： 594 – 599.

[140] Zhang C, Lin L, Xu W, et al. Use of local moran's I and GIS to identify pollution hotspots of Pb in urban soils of Galway, Ireland [J]. Science of the Total Environment, 2008, 398（1 – 3）： 212 – 221.

[141] Zhang D, Zhu P, Ye Y. The effects of e-commerce on the demand for commercial realestate [J]. Cities, 2016, 51： 106 – 120.

[142] Zhang Z, Zyphur M J, Preacher K J. Testing multilevel mediation using hierarchical linear models [J]. Organizational Research Methods, 2009, 12, 695 – 719.

[143] Zheng Z, Morimoto T, Murayama Y. Optimal location analysis of delivery parcel-pickup points using AHP and network huff model： a case study of Shiweitang sub-district in Guangzhou city, China [J]. ISPRS International Journal of Geo – Information, 2020, 9（4）： 193.

[144] Zhou C, Zhang R, Ning X, et al. Spatial-temporal characteristics in grain production and its influencing factors in the Huang – Huai – Hai Plain from 1995 to 2018 [J]. International Journal of Environmental Research and Public Health, 2020, 17（24）： 9193.

[145] Zhou M, Zhao L, Kong N, et al. Understanding consumers' behavior to adopt self-service parcel services for last-mile delivery [J/OL]. Journal of Retailing and Consumer Services, 2020, 52： 101911.